1日1分でいい！

# できる大人の心の習慣

Strong and Light Heart

メンタル研究会［編］

青春出版社

# はじめに

本書は、**人間心理の〝取り扱い説明書〞**です。とりわけ、自分の心理状態を正しく理解し、それをポジティブな方向へと導く方法をご紹介します。

人づき合いがうまくいく心理法則や、仕事が思いどおりに進むヒント、みるみるモチベーションがあがる方法、チャンスをつかむテクニックなど、心を強くすることを通して、世の中をタフに生き抜いていく365のレッスンです。

最初のページから読み進めていただいてももちろんよいのですが、ぜひパラパラとページをめくって、気になる見出しがあったら目を通してみてください。もし、その内容にしっくりきたら、現在のあなたの心理状態を確認することができるはずです。

さらに1日1分、その項目で取り上げた**「心を強くするコツ」を実践**するだけで、**これまでとは違う〝新しい自分〞を実感できる**はずです。**壁にぶつかったときの「処方箋」**として、ぜひご活用ください。

2014年12月

メンタル研究会

1日1分でいい！　できる大人の心の習慣■目次


1　悩みが消える……7

2　充実した毎日を過ごす……55

3　弱点を克服する……101

4　結果が出せる……149

5 心を強くする……201
6 タフに生き抜く……251
7 自分を活かす……295
8 かしこく生きる……335

カバーイラスト提供……shutterstock
simonox/shutterstock.com
本文イラスト提供………shutterstock
justone/shutterstock.com（アイコン）
Callahan/shutterstock.com（章扉）
………Fotolia
©ocplanning-Fotolia.com（目次）
本文ＤＴＰ………………フジマックオフィス
制作………………………新井イッセー事務所

# 1

# 悩みが消える

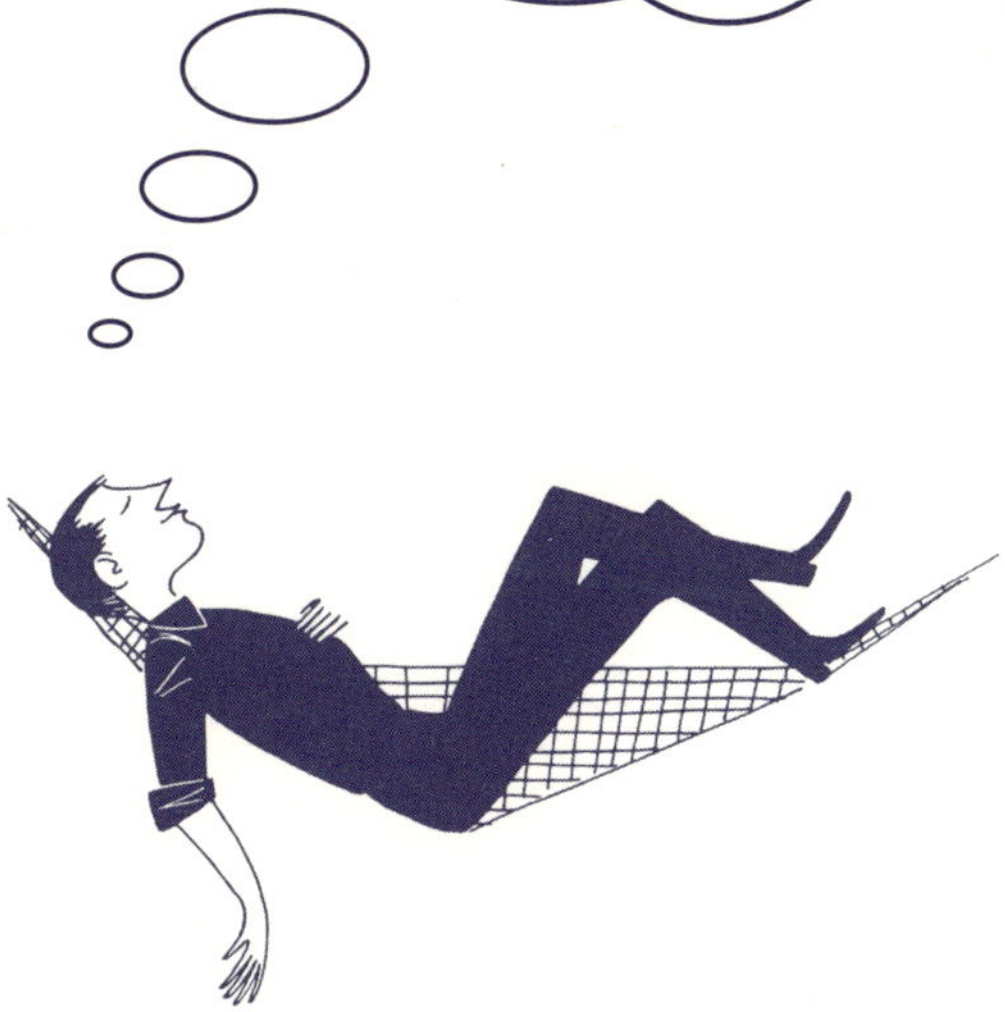

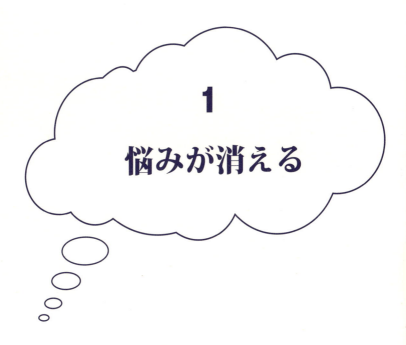

001

# 視線を遠くに〝飛ばす〟と気持ちが軽くなる

いったん「苦しい」とか「つらい」という感情が芽生えてしまうと、何もかもすぐに投げ出したくなってしまいます。

そんな堪《こら》え性《しょう》のない自分を変えたいなら、**ちょっとだけ視線を遠くに向けて想像してみる**ことです。

今やっていることは確かに苦しくてつらいけれど、それがこの先どんなふうにつながっていくのかを思い浮かべてみるのです。いったい何に、どんな形でつながっていくのかが見えてくれば気持ちはぐっと軽くなる。軽くなった分、余力も生まれてくるはずです。

その**余力こそが〝やり続ける力〟**なのです。

002

# 「自分磨き」ばかりでは自分を見失う

スキルアップというと、多くの人は社会や職場で必要とされている技術や能力ばかりを伸ばしたり磨こうとするものです。

たしかに時代の流れについていくことも大切です。でも、**社会のすう勢や時代の要求に自身を合わせてばかりいると、本来の自分を置き忘れてしまいます。**

人にはそれぞれ向き不向きや、もって生まれた資質があります。それを**輝かせることこそが本当の「自分磨き」**ではないでしょうか。

周囲に気を遣ってばかりでは、いつまでたっても自分らしく生きられません。

003

# 理想の自分を追い求めるにもほどがある

貧しい家に生まれ育ったチルチルとミチルは、幸せの青い鳥を求めて旅に出る。だが、結局、捕まえられずに疲れ果てて家に帰ると、なんとそこに青い鳥がいたのだった——。

という物語『青い鳥』の原作には、じつは続きがあって、最後はその青い鳥さえ逃げてしまいます。

この童話の主人公たちのように、**自分の置かれた場所に幸せを探せないと、常に空回りしたり、何に対しても充足感を感じない**ということにもなりかねません。

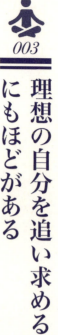

004

# 打たれ強い人はダメージを想定内におさめる

失敗を糧にするためには、「反省する」というプロセスは欠かせません。しかし、自分への〝ダメ出し〟も限度を超えると立ち直れなくなってしまいます。

大切なのは、**自分の失敗パターンを前もってシミュレーションしておく**こと。そうすれば、たいていの失敗は**「想定の範囲内」**ということになり、リカバリーに向けて、すぐに動き出すことができます。

「我が身愚鈍《ぐどん》なればとて卑下《ひげ》することなかれ」という道元《どうげん》の言葉があります。大事なのはできるだけ**早く気持ちを切り替えて、次の一歩を踏み出す**ことです。

005

# 野生動物になった姿を想像して、悩みを小さくする

私たちは今、さまざまな情報やモノに囲まれながら暮らしていますが、そのルーツは太古の昔にいたサルです。

**元をたどれば自分もそこにつながっているのだと考えてみる**と、いま抱え込んでいるストレスがなぜかちっぽけなものに思えてきませんか。

**毎日働いて、食べて、そして家族を愛するために生きている**のだとシンプルに考えてみてください。

強いストレスを感じたときは「自分が野生動物だったら」と想像してみるのも一つの方法です。

## 006

# どっちに進むか迷ったときは、選択の前に「覚悟」する

進学や就職、結婚など人生の岐路に立ったとき、何をどう選べばいいのか誰しも悩むはずです。ふたつのうちどっちをとれば正解なのか、いったい何を選べば幸せになれるのか、と。

しかし、残念ながら人生の選択には「正解」はありません。あるのは「覚悟」だけ。**「これ！」と決めたら覚悟を決めてその道を邁進《まいしん》する**しかありません。人生に正解をもたらすのは、あと戻りしない覚悟だけです。

007

# 自分の〝よくないクセ〟を知れば、同じ失敗を防げる

ウソをつくと鼻の穴が広がるとか、緊張をするとしきりに髪の毛を触ってしまうなど、人は自分でも気づかないクセをもっているものです。

じつは、**失敗を繰り返してしまうのもクセのしわざ**によるところが大きいのです。プレッシャーがかかるとわざと手を抜こうとしたり、逆に練習ばかりしすぎて本番で実力を出せなかったり…。

しかし、失敗したときに限って出てしまう自分のクセを知ったうえで、それを出さないように**コントロールすれば、一度きりの失敗で終わらせることができる**はずです。

008

# 積極的にチャレンジする人は失敗に対するスタンスが違う

失敗しても先に進んでいける人と、それっきりあきらめてしまう人がいます。その違いはややもすると心が弱いからだと一蹴されがちですが、じつはそうではありません。**失敗に対するスタンスが違う**のです。

あきらめてしまう人は、失敗したことを恥ずかしいとか、カッコ悪いと感じてしまい、早く忘れようとします。その点、失敗しても先に進める人というのは、失敗することをたいして痛手だと思っていません。

むしろ、**失敗した原因を積極的に究明して、次はやり方を変えてチャレンジしよう**と考えます。

「負けっぱなし」にはしないということです。

009

# 孤独な自分とサヨナラできる気持ちひとつで、

新しい環境の中で知人や友人ができないでいると孤独を感じるものです。

でも、**最初はみんな知らない者同士の集まり**です。小さなふれあいがきっかけとなってしだいに親密さが増していくものです。

そのきっかけは趣味が似ているとか、出身地が同じだとか、他愛もないものであることがほとんどです。これは「類似性の要因」といって、**人は共通点のある人に親しみを感じる**からです。

焦燥に駆られることはありません。まずは心を開いて、皆に少しずつ話しかけていけば、いつの間にか気が合う人が現れてきます。

010

# 「緊張」を楽しめる人は、自分を信じることができる人

緊張している自分を楽しめといわれても、よほどキモの据わった人でないと無理だと思っていませんか？　しかし、**どんなスーパースターであろうとも、ここ一番というときにはやはり平常心を失いそうになる**ものです。

それでも、緊張を楽しめる人というのは、「誰もが緊張して当たり前なのだから、自分が緊張するのはしかたがない」と、半ばあきらめにも似た考え方をします。

つまり、その**緊張も含めて自分自身を丸ごと受け入れている**からこそ自分を信じることができるのです。

逆に、自分が信じられないと、つい「～しないように」と避けるようにしてしまいます。すると、かえって反対の結果を招くことになります。

011

# 現実を受け入れれば〝燃え尽き状態〟から抜け出せる

ひとつの大きな目標に邁進して、それが達成されたときの充実感たるや言葉では言い表せないものがあります。

しかし、その喜びもつかの間、もしもその仕事があまりにも評価をされなかったとしたら、無力感に襲われてしまうのではないでしょうか。

そんな状態から自分を立て直すためには、**「理想と現実は違う」ものだとしっかり認識すること**です。そして、ありのままの現実を素直に受け入れ、今後の人生をどう充実させていくかをよく考えてみましょう。

他人から好評価を得ることよりも、**自分の内側からこみあげてくる幸福感こそが人生を豊かにする**のです。

012

# グチを吐き出すと、心の〝浄化作用〟が働く

何かにつけ不平や不満ばかりを口にしていると、表情や態度、行動にまでそれが表れてくるから不思議です。かといって、**不平や不満を自分の内に溜めこんだままにしておくと、心が疲れる**ことがあります。

そんなときは、気の許せる友人や職場の同僚、先輩にグチをこぼしてみるのも悪いことではありません。

立ち呑み屋で軽く一杯やりながらでもいいでしょう。今まで**溜めこんできたうっぷんを吐き出せば、気持ちの「浄化作用」が働きます。**「ちょっとグチらせて」と思いのたけを吐き出してみませんか。

013

# あなたが考えているほど、他人はあなたを見ていない

人間が社会的な生き物である以上、誰しも自分は他人からどう見られているかを気にしています。

しかし、それが過剰になりすぎてしまうと、人の目に自分が縛りつけられているような息苦しさを感じるようになります。

そんな〝症状〟に陥ってしまったときにひとついえることは、**「人はそれほど他人には注目していない」**ということです。自分が逆の立場に立てば、そのことがよくわかるはずです。

**結局は自分のことが一番かわいいし、気になります**から、他人のことを見て気を揉《も》んでいる余裕などないのです。

014

# 自分の直感をあなどってはいけない

「この件、どうするか、明日まで調べて返事をくれ」などと、上司からいきなり指示されたらどうしますか？　とりあえず誰かに相談してみたり、何かヒントがないかとネットで調べる人もいるかもしれません。

こんなとき、**意外と頼りになるのが直感**です。

たとえば、通りすがりに見つけた店がおいしいかどうか判断するときに、今までの経験則や口コミなどで得た知識を頼りにパッと答えを導き出す人がいます。心理学でいうところの**「ヒューリスティックス」**です。

もちろん、直感が常に正しいというわけではありませんが、まったく根拠がないわけではありません。行き詰まったときには頼ってみる価値はあります。

015

# 他人から見たイメージは、自分しだいで変えられる

人間には、**数少ない情報を手がかりに全体をイメージしようとする習性**があります。

たとえば、私立のお嬢さま学校出身と聞けば「金持ちの社長令嬢」であり、趣味がサッカーと聞けば「運動神経がいい人」というように、それだけで相手のイメージを判断してしまうのです。

ですから、几帳面で繊細な印象を与えたければ服やハンカチにアイロンをかけておくのもいいでしょう。**自分で自分のイメージを操作して管理**すればいいのです。

ココ・シャネルいわく**「第一印象をつくるチャンスは二度とない」**のです。

016

# 身の回りがスッキリすれば、イライラが消える

仕事やプライベートでは満たされているのに、何だか気分がスッキリしない。
そんなときには、自分の部屋やオフィスの机の上や周りを見回してみてください。
使ったものがきちんと整理整頓されていますか。
**自分を取り巻く環境に落ち着きがないと、精神状態にも影響がおよびます。**
**「履物をそろえると心もそろう」**というように、身の周りのよけいなモノを捨てて
スッキリさせればイライラが解消するかもしれません。

*017*

# 世間を気にしたところで、世間は何もしてくれない

人と違ったことをしたり、ちょっとレールからはみ出しただけであれこれ言う人はどこにでもいます。

そんな周囲の口さがない人たちに気兼ねをするあまり、世間体を気にしてしまうことがあります。そんなときは、**「世間を気にしたところで、世間は何もしてくれない」**と考えてはどうでしょうか。

**世間のいうことなど、しょせんは無責任で実体のない意見**に過ぎません。そんな**身勝手で一方的な基準に合わせることが、どれほどバカバカしいことか**に気づくべきです。

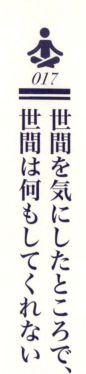

018
# 煩わしくなりそうな情報には近づかない

人の噂話というのはたいていの場合、悪口雑言《あっこうぞうごん》になります。自分についてのそうした話もふとしたきっかけで耳に入ってしまうかもしれません。これについては、たいていの場合、**気にしないのが一番**です。

それを知ることでかえって煩わしくなるような話（情報）は、きっぱりと遮断してしまいましょう。「**世の中には知らない方がいいこともある**」というスタンスをとることが重要です。

019

# 無理して周囲とあわせても信頼関係は生まれない

誰とでもうまくつき合っていくことができれば、人間関係の悩みはなさそうに思えます。しかし、そのために周囲に合わせすぎて疲れてしまったり、浮いてはまずいとばかりに消極的になることがあります。

「出る杭は打たれる」ことを恐れるあまり、周囲と違うことをして疎《うと》んじられるのを避ける気持ちもわかります。

しかし、**十人十色**という言葉もあります。無理をして「みんなと同じ」でいようとする必要はありません。**「みんな違って当たり前」だと割り切れば、むやみに萎縮することもなくなります。**

020

# ときにはスケジュール帳を白紙にしてみよう

仕事はもちろんのこと、友人との約束や趣味などでスケジュール帳を埋めているはずなのになぜか気持ちが満たされない…。そういう人は、**「退屈恐怖症」**なのかもしれません。

退屈するのがいやで予定を入れているうちに、予定をこなすこと自体が目的になってしまい、その時間を心から楽しめなくなっているのです。

こういうときには**一度リセットする**ことが大切です。ときにはスケジュール帳を白紙にして、何も予定を入れないことです。

退屈恐怖症の人にとっては勇気のいる行動ですが、何も予定がないことが逆に自分を強くし、**心にゆとりと落ち着きが生まれる**はずです。

021

# 決断を先延ばしすると、「失うもの」のほうが多い

ランチのメニューを見ながらどれにしようかと迷っている程度ならいいのですが、ビジネスでも優柔不断だとすれば問題です。

意思決定で重要なのが、**合理性・倫理観・感情**の3つです。この3つのクオリティを高めることで、的確な判断を下せるようになります。

合理性や倫理観は、本を読むことや対人関係から学ぶことで身につきます。また感情は、日ごろから広い視野をもつように心がけることで自然と育むことができるでしょう。

**決断を先延ばしすることは損失のほうが大きい**ものです。そこで意思決定のプロセスがしっかりと身につけば、決断のスピードも自ずと早くなります。

022

# 頭の中を整理すれば、新しい発想の〝芽〟が出る

あれこれ考えているといつの間にか堂々巡りしてしまい、ドツボにはまることがあります。原因はさまざまでしょうが、それまで蓄積した知識や新たな発想が逆に妨げになっていることもあります。

そこで有効なのが、いったん**「忘れる」**ことです。**「思考の整理とはいかにうまく忘れるかである」**と英文学者の外山滋比古氏も言っています。

とはいっても、情報をすべて消し去るということではありません。重要度によって、頭の中の〝フォルダ〟に整理して収納するのです。

そうして頭の中から**余計な情報を追い出せば、新たな発想が生まれるチャンスとスペースができる**はずです。

023

# フィルターにかけて、ムダな情報を見極めるのは大事なひと手間

新聞、雑誌、テレビ、インターネットなどから膨大な情報を得たものの、その情報に振り回されていては百害あって一利なしといえます。

大切なのはより多くの情報を得ようとすることではなく、**必要のない情報を切って捨てる**ことです。

やみくもに情報を集めるだけでなく、**自分のフィルター**にかけて必要のない情報はどんどん捨ててしまいましょう。

そのうちに、自分に**必要のない情報は瞬時に見抜けるようになる**はずです。玉石混淆ともいえる情報社会の中で、本当に価値のあるものを「見抜く力」を磨きましょう。

024

# 心が病みそう…というときは、「いつもの道」を変えてみる

悩みやストレスなどで**心が病む寸前**だとしたら、すぐに試してほしいことがあります。それは、**日々のルーチンに少しでいいから変化を加える**ことです。

たとえば、駅に向かういつものルートを変えてみるとか、今まで入ったことのないバーに思いきって入ってみるのもいいでしょう。

こうした行動は単なる気分転換になるだけでなく、新鮮な感覚と思考を心に植えつけるトレーニングになります。

心が病んでしまうのは**「負のマンネリズム」**がひとつの原因なので、**いつもと違う行動をとることでマンネリ化を打破**することができます。効果は人それぞれですが、やってみる価値はありそうです。

025

# サボりたくなったときは、心が「インプット」を欲している

仕事や勉強をサボったとき、心の中に生じるものといえば罪悪感ではないでしょうか。しかし長い人生、たまには休んでリラックスしたいものです。

それでも後ろめたさを感じるならば、**「私はサボっているのではない。インプットをしているのだ」**と心の中で唱えましょう。

どんな仕事をしていようと、人生は**アウトプットばかりでは長続きしません**。ときには仕事を忘れて美味しいものを食べたり、芸術に触れるなどして、五感を刺激する必要があります。

サボりたい気持ちが強くなったときは、心がインプットを欲しているとき。そこに罪悪感など無用です。

026

# 前向きで短い言葉を心の中でつぶやけば強くなれる

独り言には抵抗があるかもしれませんが、それは口に出すことで周囲の耳に入るからでしょう。であれば、それを口に出さなければいいだけのことです。**心の中でつぶやく**のも立派な独り言ですから。

独り言は精神面の強化や、心の切り替えに利用できます。コツは、**前向きで短い言葉**をつぶやくことです。

うまくいったら「これでＯＫ」、失敗したら「はい、次！」、怒られたら「これも経験」、ピンチに陥ったら「ピンチはチャンスだ」と自分の都合のいいように考えるだけです。

これを習慣にしてしまえば、**嫌なことがあっても引きずらない**自分でいられます。

027

# 心の底から楽しいか、自分の心に聞いてみる

流行を発信し続けるファッション雑誌などを見ていると、おしゃれをして、最新のスポットでショッピングをして、おいしいものを食べて…と、何に対しても好奇心をもって楽しまなくてはいけないような気分になってきます。

本当にそんな生活が好きならいいのですが、**「楽しまなきゃ」と半ば追いたてられることに抵抗を感じる**という人もいるでしょう。

それならそれでいいのです。他人が楽しんでいることでも、自分はそうは思えないのなら無理につき合うことはありません。

あくまでも**自然体で、心の底から「楽しい」と思えることが心の健康には一番いい**のです。

028

# どこかにムリがあれば、どこかで流れが滞る

何をやってもうまくいく——。そんな流れに乗っているときは、あまりいろいろと考えずにその流れに乗っかってしまうことです。まさに、渡りに船、と便乗してしまうのです。

でも、それが結婚や転職など自分の人生を大きく左右することだとしたら、あまりにもうまくいきすぎてしまうが故に**「本当にこれでいいのか」「ちょっと待てよ」と、ふと考え直してみたくなる**ことがあります。

しかし、**どこかに無理が生じていれば、どこかで流れが滞る**ものです。反対に何も障害がないのであれば、素直に身をまかせてみることです。

029

# 辛くて余裕がないときこそ、空を、宇宙を眺めてみる

自分の気持ちに余裕がもてないままに暮らしていると、目の前にあること以外に気持ちが向くことはあまりありません。

しかし、空を見上げれば星があり、その向こうには果てしない宇宙が広がっています。その宇宙の中の地球という生命体のひとつに自分がたしかにいるのだと考えると、**すべてが奇跡のように思えたりする**ものです。

あくせくしてしまうとどうしても近視眼的になってしまい、**自分の世界はどんどん狭まって窮屈に**なってしまいます。忙しいときには空を、そして大宇宙を眺めてみませんか。

030

# 不安が募ったら、遠い昔の自分の祖先について考えてみる

なぜ、自分は生きているのだろう――。思春期から大人になるまでの間に、急に自分の存在意義や生きている意味について考え出してしまうことがあります。

どんなに考え、思い詰めても答えが出ないような問題を前にしたときは、**自分の祖先について考えて**みましょう。

自分の親の、そのまた親がいて、その**つながりは想像もつかないほどはるか遠くの過去に続いている**。そう考えれば、堂々巡りしてしまう問題に苛《さいな》まれることなく、**自信をもって次の一歩を踏み出せる**のではないでしょうか。

031

# 幸せな気持ちで布団に入ると、明日は今日よりいい日になる

**幸せな気持ちで眠りにつけば幸せを引き寄せる**ことができるし、逆に**悩んだり考えごとをしたままで寝てしまうと、現実でも同じような状況を引き寄せてしまう**といわれます。

だから、一日の終わりは幸せな気分で眠りましょう。とはいっても、嫌なことがあった日に幸せを感じるというのも難しいものです。

そんなときのために、ベッドやふとんはいつも快適な状態を保っておきたいものです。落ち込んでいても、ふっかふかの布団に潜り込んで「あ〜、極楽、極楽」と声に出せば、それまで沈み込んでいた気持ちも吹き飛びます。

そうすれば、**明日はきっといい日になる**はずです。

032

# 「思いやり」は他人のためだけにあるのではない

いきなり「魂」がどうのこうのというと、オカルトめいた話だと思って身構えるかもしれません。しかし、よりよく生きるためには、「魂」があると仮定するのもひとつの方法です。とりわけ対人関係において身勝手な欲望を満たそうとしたり、人を陥れたりすると、「魂が汚れる」と考えるのです。

それよりも、**他人を思いやり、誰に対しても恥ずかしくない生き方を心がければ、自分自身が気持ちがいい**はずです。

033

# それでも「自分が幸せなら幸せ」と言おう

中国の思想家、孔子が出会った老人の話です。

その老人は、恵まれない暮らしをしているのがひと目でわかる貧しい身なりをしているのに、ニコニコと楽しそうに琴《こと》を弾いていました。

何が楽しいのかと孔子が問うと、老人は**「人間に生まれてきて、こんなに長生きができて、琴を弾いて歌っていられる。こんなに幸せなことはない」**と言うのです。

私たちは他人と比べて、自分が幸か不幸かを推し量ろうとします。しかし、人がどう判断しようとも、**自分が幸せなら幸せ**なのです。

他人の物差しではかる必要はありません。

034

# 傷つける言葉に囚われてしまってはいけない

心ない言葉は、それを受け止めてしまった人の心にぐさりと、そして深く突き刺さります。そうなると、つらくて悔しくて夜も眠れなくなってしまいますが、いつまでもそれを気にしていることは、かえって自分のためになりません。

ずっと心に留めておいても**何の役にも立たないことは、さっさと忘れてしまう**ことです。

お互いに非難の応酬になるような**不毛なステージからは、さっさと退場してしまう**に限ります。

035

# 環境を変えるより、自分を変えたほうがいいこともある

希望の仕事に就けない、理想の相手にめぐり合えない、欲しいものは何も手に入らない…。そんな状態になると、**「自分がいるべき場所はここではないのかも」**などと考えて自分を取り巻く環境を変えようとする人もいます。

たしかに環境を変えると、そこには新しい何かが待ち受けているかもしれません。しかし、**ナイナイ尽くしの原因が自分にあった**としたら、それを変えたところで何も変わらないのは目に見えています。

いろいろな経験をしてきたけれど、何も変わらなかったというときには、そろそろ**潔く自分で自分を変える努力をすべき**です。

036

# 苦しいときに、泣くのをガマンしてはいけない

映画のワンシーンに感動したり、心を打つ本を読んだときなどに涙が出るのは、心の健康のためには悪いことではありません。それまでのさまざまな自分の思いや経験が心でリンクして共振するからこそ涙が出るのでしょう。

このときに自然とあふれ出る涙は、心のなかに溜め込んだ苦しさを洗い流してくれます。

大人が泣くのは恥ずかしいというのもわかりますが、**ときには「泣ける物語」に身を浸してみてはいかがでしょう。**

037

# 自分の将来を他人にゆだねてはいけない

自分のことは自分でやるというのが基本です。悩みを抱えているときも、まずは自分で考える。それでも解決できないと思ったときは、専門家などに相談してみるのもいいでしょう。

しかし、**頼りすぎると〝自分がない〟人になってしまいます**。「将来の就職のために、どんな資格を取れば有利でしょうか」とか「収入がどれくらいの人と結婚すれば幸せになれるでしょうか」などと本末転倒な質問をすることになってしまいます。

**自分のことは自分でやる。これは、自分の悩みに向き合う基本姿勢でもある**のです。

## 038 根拠のない情報に耳を傾けても意味がない

雑誌やテレビなどの占いで、「今日の運勢は悪い」とあったらつい気になってしまうものです。

人はネガティブな情報を耳にしたとき、無意識のうちによくないことにしか目がいかなくなってしまうことがあります。**不安や恐れから、マイナスの面しか見られなくなる**のです。

シェイクスピアは**「人間というものは、不運になると、己が招いた災いだというのに、それを太陽や月や星のせいにしがちだ」**と諭しています。

よくも悪くも**根拠のない情報には耳を貸さない**のが得策です。なぜなら、うまくいかない原因は多くの場合、自分自身にあるのですから。

039

# どうにもならなくなったら、「逃げるが勝ち」も考える

自己啓発などの本を読んでいると、つらいときや苦しいときこそ立ち向かうべきとする論調があります。もちろん、立ち向かって乗り越えることができたら、それに越したことはありません。

しかし、目の前の困難から逃げることは、必ずしも悪いことだとはいい切れません。**世の中には自分ではどうしようもないことのほうがむしろ多い**からです。

やみくもに立ち向かっていき、ただ自分を疲弊させるだけなら、いっそ逃げてしまってもいいのです。**逃げたその先に、新たな展開が待っている**かもしれません。**逃げるが勝ち、逃げるのが一手**です。

040

# 悩みが建設的なら結果は必ずプラスになる

悩むことの多い人生ですが、いたずらに悩んだところでいい結果にはつながりません。大切なのは、**建設的な悩み方ができるかどうか**です。

自分は何のために悩んでいるのか、どんな結果を出したいのかということを前提に意識していれば、それができるはずです。

小説家の坂口安吾は「すぐれた魂ほど大きく悩む」といいましたが、それが**建設的であれば、大いに悩むべき**です。物事をよくしようとする**積極的で前向きな姿勢をもって悩み抜いて出した結果は、必ずプラスになる**からです。

041

# 顔を上げ、背筋を伸ばせば、心もシャキッとする

やる気も失せてくよくよと悩んでいるとき、自分がどんな表情や姿勢をしているか鏡に映してみてください。見るからに「悩みがありそうな人」ではありませんか。逆に、意気揚々としているときは自然と背筋がピンと伸びて胸を張っています。

**〝目は心の鏡〟**といいますが、心の状態は身体に表れるものです。逆もまた真なりで、**姿勢を正すと自然に気持ちも引き締まる**のです。

そこで、悩んでいる自分に気づいたら、意識して姿勢を正してみてください。**顔を上げ、背筋を伸ばすだけで、いつしか目もキラキラ**してきます。

042

# 今の仕事の中から自分が一番になれることを磨いてみる

仕事は楽しいですか? もし、毎日が同じことの繰り返しで、楽しいことなど何もないと感じているなら、**仕事の中で自分が一番になれる**ことを探してみましょう。電話の受け答えは誰よりも丁寧だとか、資料作りの速さと正確さにおいては誰にも負けないとか、自分の得意とするものがあれば、それをとことん追求して**その道のプロといわれるレベルまで技術を高める**のです。

「あの人は、○○がすごい」と、そんなウワサが広まればこっちのもの。その技術は将来にわたってあなたを支えてくれることになるでしょう。

043

# 自分の失敗をネタにすると失敗が楽しくなる

ウケ狙いで失敗談を人に話すのは人間関係をスムーズにする基本です。この〝**自分をオトして笑いをとる**〟**ワザを身につければ、ずいぶんと生きやすくなる**ものです。

人から失敗したことをバカにされても、「そうなんですよ〜」と、本人がさらりと笑い飛ばせば、なんだか周囲の人たちまで楽しくなってくるものです。

あの人に失敗を笑われたとウジウジするより、パーッと笑い飛ばしてしまいましょう。そうすれば、**失敗することさえ楽しくなってくる**に違いありません。

044

# 一生涯をかけて自分を完成させてみる

ルックスがよくて仕事ができて、性格も悪くない。そんな完璧な人を目の当たりにすると、自分はあまりにも未完成なのではないかと落ち込むものです。

でも、「自分は未完成」という思いは、一生持ち続けてもいいのです。ウォルト・ディズニーが**「ディズニーランドは永遠に完成しない」**といったように、未完成だからこそ、さらに楽しいことを追求し続けていけるのです。

**気持ちを切り替えて、少しずつ、生涯をかけて自分を完成**させていきましょう。

045

# わざと危機的な状況に追い込んで自分に喝！を入れる

自堕落な毎日を変えたかったら、**自らを危機的な状況に追い込んでみる**ことです。日常を変えるためには何か目標を見つけるのもひとつの手ですが、だらけてきた気持ちにエンジンをかけるのにはちょっと刺激が弱すぎます。

たとえばまったく畑違いの部署への異動を希望するとか、海外に赴任してみるなど、何かしらリスクの伴う状況をつくってみるのです。

**ぬるま湯ではなく冷水をかける**ことで、自分を一気に覚醒させせましょう。

046

# 「ナイナイ人生」にならないためには群れないのが大事

集団で行動するときには協調性が求められます。**自分勝手なことをしない、よけいなことは言わない、求めない**。みんながうまくつき合っていける配慮が必要です。

しかし、それをずっと続けていたら、しだいに自分を見失ってしまいます。**自分の考えがわからない、言いたいこともわからない、どう生きたいのかもわからない、**となるでしょう。

そんな**「ナイナイ人生」にしないためは、ひとりになって世の中を俯瞰する時間をつくる**ことです。

いつでもどこでも群れていないと気がすまないのは、けっして幸せなことではありません。

*047*

## 疲れたら元気になるまで休めばいい

思いきってチャレンジして大失敗したとき、それが心血を注いできたものであるほどダメージは大きいものです。そんな、**すぐには心を切り替えられない状況に陥ったときは、とりあえず休んでみる**ことです。

休んだりすると、そんな無茶をするから失敗するんだとか、最初から失敗することはわかっていたなどと笑われるかもしれません。でも、波風を立てずにただ生きているだけの傍観者に嘲笑される筋合いはありません。

疲れ果ててしまったら、**堂々と、もう一度立ち上がれるまで休めばいい**のです。

# 2

# 充実した毎日を過ごす

048

# 「始めることができるか」が大きな分かれ道になる

歳を重ねるごとに、はじめの一歩を踏み出すのはおっくうになってくるものです。やればいいのか、それともやめるべきなのか、どうしても今までの経験をもとにしてしまい、コトを始める前に頭でっかちになって手間や労力などを考えてしまうのもその原因のひとつでしょう。

今、始めれば経験値は高くなりますが、**やらなければ永遠にゼロのまま**です。**何かを始めたいと思った「今」が、じつは大きな人生の分岐点の最初の一歩**だったりするのです。

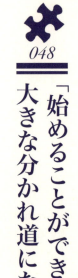

049

# 大きな目標をクリアするには、小さな目標に小分けする

どんなに足の長い人でも、たった一歩で山の頂上まで登れるわけではありません。自分の足で山に登ろうとすれば、一歩ずつ、確実に歩みを重ねていくよりほかに方法はないのです。

同じように、大きな目標を掲げたところで一足飛びにたどり着くことはできません。まずは**一段上がって、さらに次の一段に足を乗せる**ことです。

この、確実に一歩一歩、歩を進める積み重ねこそが大きな目標を達成するための唯一無二の方法なのです。

050

# 「たら」「れば」をやめれば、未来が変わる

失敗して落ち込んでいるときというのは、どうしても原因を追究しがちです。

「あのときの対応がまずかったのだろうか」とか、「あそこのタイミングではやめておくべきだった」などと、悔やまれることばかりが頭をよぎります。口をついて出てくる言葉といえば文字どおり「たら」「れば」ばかりです。

**失敗したときに大切なのは、その失敗をいかにして次に生かすかということ**です。

失敗が成功の母といわれるのはそういうことなのです。

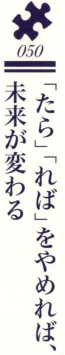

## 051 紙に書き留めれば、達成感がグンとアップする

いざ何かをやり遂げようと決意しても、すぐにあきらめてしまう人がいます。大志を抱くまではいいのですが、その断固たる意志が時間の経過とともにだんだん薄らいでしまうからです。

それを忘れないためには、書き留めておくことです。

まず、目標を目立つように大きくノートに書き、その日から目標達成のためにしたことすべてを書き連ねていきます。こうすれば、**きちんと積み重ねていることが目に見えて実感**できるうえ、毎日、達成感も味わうことができます。

「千里の道も一歩から」といいますが、その**一歩一歩をきちんと記録すること**が大切なのです。

052

# どんな人も、1日は24時間しかない

「惜陰《せきいん》」という言葉があります。これは「歳月を惜しむ」という意味です。

何でも効率よくこなそうとする人はこの惜陰の気持ちが強く、反対にボーッとしていて**何でも後回しにする人ほど、時間が過ぎるのを惜しむ気持ちがあまりない**ようです。

でも、どんな人にも与えられた時間は1日24時間です。だったら時間を惜しんだほうが仕事を効率よく片づけられて、その空いた時間でほかのやりたいことにも取り組めます。

**時間を惜しむことは努力とセット**なのです。

053

# 「考えながら仕事をする」と、のちのち差がつく

いつも同じ仕事をしているのに、なかなかスキルアップしない人と、すぐに腕前を上げる人がいます。

スキルアップがうまくできない人は、〝平面的〟な思考のもとで仕事をしている人かもしれません。とにかく早く、きれいにこなすことばかりを考えています。

一方、できる人のほうは、仕事を〝立体的〟に見ています。目の前の仕事をこなしながらも、**自分が今やっていることが会社にどのような利益をもたらし、社会にどんな影響を与える**かなど、全体を俯瞰《ふかん》しながらいろいろなことをイメージしながら進めているのです。

この**思考の違いが将来、両者にとって大きな差になる**のは一目瞭然です。

054

# 結果を出す人は「逆算」して行動する

30年、40年と生きていると、〝棚からぼた餅〟とか〝一攫千金〟などと、いわゆる濡れ手に粟《あわ》のような**奇跡が起こる確率は極めて少ない**ことがわかってきます。

世の中の成功者といわれる人たちも、やはり最初は小石を積み上げるように自分の礎《いしずえ》を築いていき、やがてそれが実を結んでいるのです。

そこには「逆算」の行動があります。たとえば、朝8時に自宅を出ようとすると、何時に起きて何をすればいいのかは、頭の中で簡単に逆算できます。

それと同じように、**10年後に目標とする自分になるためには、いつ、どんなふうに動き出せばいいのか**を考えます。そうして描いた自分の人生の工程表どおりに行動することが成功の秘訣なのです。

055

# 「自分が乗れる仕組み」をつくると、努力が楽しくなる

楽しみながら努力をし続けるためには、「目標」「効率」「達成度の確認」の3つが必要です。これはRPG(ロールプレイングゲーム)をしている状態に似ています。

敵を倒すという「目標」をクリアして成長するためには、今のキャラクターが備えているステータスをいかに「効率」よく使って攻撃するかを考えなければならないし、どこまで攻略できたか「達成度の確認」ができればどんどん次に進みたくなります。

自分の仕事にも、そんな**自分なりの仕組みをつくれば努力することなど苦にならないはず**です。

056

# チャンスに「チャンス」という名札はついていない

「チャンスをものにする」などというと、狙った獲物を逃さないハンターのような人をイメージしてしまいますが、実際にチャンスをものにした人というのは、**それほど鋭く世の中を見ているわけではない**のです。

むしろ、知り合いからの頼みごとを気軽に引き受けたらたまたまチャンスがめぐってきたとか、趣味で始めたことがいつの間にかネット上で広がって本業をしのぐビジネスになったなどと、どちらかというと **〝脱力系〟のエピソードのほうが多い**ものです。

そもそもチャンスには、「チャンスです！」という名札はついていないものなのです。

057

# ツイていない時期には、正しい過ごし方がある

人生は運・不運だけでは語れませんが、そうはいっても**どういうわけか運に恵まれない時期というのはやってくる**ものです。

ですが、そんな不遇を嘆くことはありません。ツイてない時期というのは、神からさえも見放されているように感じるものですが、それは逆に考えれば**自分の時間を自分だけのために使えるチャンス**でもあるのです。

だから思う存分、今までできなかったことや、やってみたかったことをしてみませんか。自分に投資した分は、必ず将来、あなたに戻ってきます。

058

# ギブアンドテイクは、相手とのバランスを考える

人づきあいの基本はギブアンドテイク、つまりお互いさまということです。この**バランスがうまくとれていると、良好な関係を築ける**ことが多いようです。

ところが、一方が信頼しているのに、相手はまだそこまでには至らないケースがよくあるのもまた現実です。

その原因は、ミスマッチにあります。自分はよかれと思ってやったことが、相手には迷惑だったり、的外れだったりすることは珍しくありません。

良好な信頼関係を構築するためには、**相手が何を望んでいるのかを自分の眼でよく見極める**ことが大切です。

059

# 心の壁（メンタルブロック）は上手に取り除く

「お金がないから何もできない」などと、自ら動こうとしない理由をほかのことにすり替えてはいないでしょうか。

お金がなくても、頭を働かせれば代替案はいくらでもあるものです。

しかし、そこに思い至らないのは、**無意識のうちに自分で自分の中に壁をつくっているる**のです。

この壁のことを**「メンタルブロック」**といいますが、心の中にこれができると頭が固くなってしまい、その結果、強い思いこみを抱くようになります。

そうならないためには、**「本当にそうなのだろうか」と常に自問自答するクセをつけること**です。

060

# 周囲のプレッシャーは、飛躍への原動力になる

周りにいる人たちから過剰に期待されると、それが自分へのプレッシャーとなって大きくのしかかってくるものです。そんなときは、**期待は飛躍への〝原動力〟だ**と前向きにとらえてみましょう。

人は期待されると、無意識のうちにそれに応えようとしてふだんよりもよけいにがんばろうとします。その結果、**能力以上のことができるようになったりする**のです。

プレッシャーがかけられたときは、上から押さえつけられる負のイメージではなく、**下から押し上げられている自分を感じとってみる**といいでしょう。

061

# 自分が陥っているスランプの「型」を分析する

スランプのときは悪あがきをするよりも、まず自分が陥っている**「スランプのタイプ」を分析**しましょう。

たとえば、今までうまくいっていたことは「たまたま」だったということに気づいていないのが**「調和的体制型」**のスランプです。原因は自分の力量不足なので、基本に戻って努力することでスランプから脱出できます。

疲れから陥るのが**「疲労的限界型」**のスランプです。この場合は、必死になるほど悪循環にはまります。そんなときにはひと休みして、気分をリフレッシュするのが効果的です。

**夜明けのこない夜はない**のだと信じて、気持ちを切り替えることです。

062

# ひとりでやるか、みんなでやるかを見極めよう

何人かでひとつの仕事に取り組んでいると、人手が多い割になかなか作業が進まないと感じることがあります。

これは「これだけの大人数でやるなら、自分ひとりくらいならサボってもいいだろう」という心理が働くからです。**人数をかけてダラダラとやるくらいなら、ひとりでやったり、あるいは少人数のほうがずっと効率がいい**場合があります。

助け合いながらチームプレイで進めるか、単独でゴールを目指すか、その見極めが必要です。

063

# 過去の自分を振り返るより、未来の自分のイメージをもつ

今までの人生を振り返ってみれば、永遠に抹消してしまいたい過去は誰にでもあるものです。失敗しない人間などどこにもいないのですから当然です。

ただ、それをいつまでも**振り返っては思い出し、自分を責めたりするのはナンセンス**です。

過去は変えられないとわかっていながら、いつまでも振り返ってしまう人は、前を向いてちょっとだけアゴをあげてみましょう。

こうするだけで、不思議とその目線の先にあるものを見ようとします。**今見るべきものは未来**です。

064

# 見えない不安も期間限定なら怖くない

不安定な現代社会に生きる自分の将来に不安を感じてしまうのは無理もありません。こんなとき、目の前の**不安を取り除こうともがいたが最後、よけい泥沼にはまる**ことがあります。

こんなときは、不安を敵視するのではなく、**期限を決めたうえで目いっぱい不安になる**ことをおすすめします。

たとえば「この会社にずっと勤めていていいのか…」と不安が胸をよぎったとしましょう。そうして3か月経ってもこの不安が消えなければ、何かしらのアクションを起こすと決めればいいのです。

〝期間限定〟だと思えば、意外と開き直れるものです。

065

# 人間関係がこじれたときは、「ほどき方」にコツがいる

人間関係はこじれて当たり前と考えることもできます。

そもそも社会は、まったく違う考えをもった人たちで構成されていますから、**最初から意気投合をするなどというほうがむしろレアケース**です。意見がぶつかってこじれるのが当たり前です。

**大事なのは、こじれたもののほどき方を間違わない**こと。裏から手を回したり、小細工して丸め込もうとせず、誠実に向き合うことが重要です。

それで改善しなければ潔くあきらめて、放置してもいいでしょう。時間を置くことで、こじれたものがいつの間にかほどけている場合もあります。

066

# 行き詰まったときには、棚上げしてただ歩いてみる

行き詰まってどうにもならないときには、ただ歩きまわってみるだけでも気分転換ができます。

ウロウロと歩き回るというのは脳をリラックスさせようとする本能的な行動のひとつで、**歩くことから生じる一定のリズムが足裏から脳へと伝わり、気持ちを落ち着かせる**のです。

また、歩くことで適度な刺激が脳に与えられるので、**思いがけないアイデアが浮かぶ**こともあります。

ただ漫然と座っているだけでは時間だけがいたずらに過ぎてしまいます。**行き詰まったなと感じたらいったん問題を棚上げ**にして、気分を変えるために歩いてみませんか。

067

# 失敗して当然と思えば、人前で緊張しなくなる

人の前に出るとどうしても緊張してしまうという人は、「みんなの前で失敗して恥をかきたくない」という意識が強く働いています。

そんなときは、**「失敗して当たり前」だと考え方をチェンジすればいい**のです。恥をかくことを前提にして、開き直って堂々と人前に出れば必要以上に緊張しなくなります。

たとえ失敗したとしても、**本人が思うほど他人は気にしていない**ものです。

068

# 嫌いな人のフリを見て、わがフリを直す

**誰にでもどうしても苦手な人はいる**ものですが、苦手だからと毛嫌いしているだけでは不快な思いをしたままです。まずは、感情的にならずに、なぜその人のことが苦手なのか具体的に考えてみましょう。

たとえば、「理屈っぽいから」とか「すぐに感情的になるから」など、いくつか理由が思い浮かぶでしょう。そうしたら、自分も同じような振る舞いをしていないか、周りの人たちに不愉快な思いをさせていないかを省みるのです。

つまり、**人のフリ見て、我がフリ直せ**というわけです。**嫌いな人は自分を成長させてくれる**格好のチャンスメーカーだと思えばいいのです。

069

# 「着地点」を間違わなければ、イライラしない

予定どおりに物事が進まず、ついイライラしてしまうことがあります。それは、段取りのしかたに問題があるのかもしれません。

大切なのは、段取りを組み立てる際の**視点の定め方**です。

たとえば、1か月という期限で成果を出さなければならない仕事があるとします。最初の1週間は「序盤」、月の半分までが「中盤」です。ここではまず全体の見通しを立てることに視点を置き、その後の構想をじっくり練ります。

そうして中盤を過ぎたら、最終的な「落とし所」を想定しておきます。**着地点を見定めながら進む**ことで、期限どおりにある程度の成果を上げることができます。

**見るべきときに見るべき場所を見る**ことは、成功のための必須項目です。

070

# 「水平思考」と「垂直思考」でワンランク上の思考力が身につく

斬新な発想や具体的でユニークなアイデアが出ないと仕事の幅は広がっていきません。

その場合、鍛えたいのが**「水平思考」**という考え方です。

ひとつのことを突きつめていく**「垂直思考」**に対して、水平思考はひとつのことからさまざまな方向に思考を広げ、**枠を超えた発想を生み出していく**方法です。

この水平思考を鍛えるには、連想ゲームが最適です。たとえば「新商品」というキーワードから、「欲しい↓便利↓家電↓女性↓女子会↓おしゃべり」というように、自由にイメージを膨らませていくのです。

この垂直思考と水平思考を使い分けることで、まさに**縦横無尽な思考回路を手にする**ことができるはずです。

071

# イヤだったことに、あえて向き合ってみる

大きな失敗をすると、それがトラウマになってついその作業を避けてしまうようになります。しかし、失敗は誰にもつきものです。その度に苦手な作業が増えていたら自分で自分のことがイヤになってしまうでしょう。

それを克服するためには、**正面から徹底的に自分と向き合う**ことが重要です。**ミスをしたときの状況をとことん分析する**のです。すると、ミスの原因が何となく見えてくるはずです。

「失敗したところでやめてしまうから失敗になる。成功するところまで続ければそれは成功になる」という松下幸之助の言葉があります。**失敗した経験が成功への大きなステップになる**のです。

*072*

# 偶然の一致を見逃さなければ幸運を引き寄せることができる

たとえば、電車の中で偶然同じ本を読んでいる人を見かけたり、電話をしようと思っていた相手から突然電話がかかってくるということがあります。

「偶然は準備のできていない人を助けない」といったのは、生化学者のパスツールです。ただの**偶然で片づけない**ことが、幸運とチャンスを呼び込むきっかけになります。偶然の一致に気づいたら、そのことを注意ぶかく見守るようにしましょう。

いくつかの偶然が重なったとき、その**チャンスを生かせるように日ごろから感覚を研ぎ澄ませておきたい**ものです。

073

# ミスは「あとでまとめて」より「その場で直す」のが鉄則

失敗をしたらすぐに反省をするなんて当たり前だと思う人もいるかもしれませんが、実際はそうではありません。

忙しいときや自分に過信があるときというのは、振り返るより次に向かう気持ちが強くなり、**ミスをミスのまま放置しがち**になります。

ところが、そうするとその失敗をあとでまとめて振り返ることになり、ヘタをすればミスをしたことすら忘れてしまい、**また同じ失敗を繰り返す**ことになります。

**失敗はすぐに反省し、すぐに修正するのが鉄則**。地道で面倒な作業ですが、これをやるかやらないかでは後々大きな差が生まれます。

074

# 苦手なことは、7割できれば、それでよしとしよう

人によって得手不得手はあります。それを、**苦手なことまで100パーセント完璧にやろうとするから疲れてしまう**のです。

**苦手なものは7割の出来でもOK**としましょう。あとの3割は、得意な人にお願いすればいいのです。そうしておいて、得意な分野は130パーセントの仕上がりをめざせば帳尻はちゃんと合います。

075

# どん底から再生した人は、「強い心」を手にしている

失敗は怖いものでしょうか。失敗するのはそんなにいけないことでしょうか。

たしかに一生懸命がんばってきたのに、ここぞというときに成果を収められなかったら心は深く傷ついてしまうでしょう。

しかし、人の心には再生する力があります。しかも、一度傷ついて再生した心はどんどん強くなります。落ち込むことはありません。最初から**「失敗ありき」**で臨めば、強い心を手に入れることができるのです。

だからこそ、**成功するまでの期間も考えれば、やりたいことには早く取りかかるに限る**のです。

*076*

# 「できない」と思うのは、大人になったからかもしれない

高いところからジャンプをしたり、補助輪なしで自転車に乗るなど、新しいことにチャレンジするときに子供だとどうしても恐怖心が先に立ちます。でも、いったんできるようになってしまえば、楽しくなって何度でもやりたがります。

大人になってからの恐怖心も同じようなものではないでしょうか。**はじめての経験は誰でも怖いもの**です。でも「できない」と思っているのは、自分だけなのかもしれません。

勇気を出してやってみれば、**子供のころに体験したチャレンジすることの楽しさを思い出せる**はずです。

077

# 自分が手にしているものを捨てる勇気をもつ

あれもこれも欲しい、と人間は欲張りです。しかし、体はひとつで1日は24時間、できることはおのずと限られてきます。

それでも、どうしてもやりたいことや欲しいものがあるのなら、**今、自分が手にしているものを捨てる**勇気が必要です。

というと、**「それはできない」「もったいない」と結局、現状維持を選んだりする人が多い**のもまた事実です。

大好きなジュースやお菓子を毎日お腹いっぱい飲み食いしながら、10キロの減量はできません。引き締まった体を手に入れたかったら、むろんそうした生活を捨てなければならないのです。

*078*

# 失敗しないように練習でがんばるのは間違い

本番で失敗したくなかったら練習あるのみ、という人がいます。これは、たしかに間違いではありません。だからといって、**練習でも失敗しないようにがんばるのは間違い**です。

ミスすることを恐れるあまりに、練習中なのに無難にまとめてしまうと、自分の欠点が洗い出せません。ということは、いつまでたっても上達しないわけです。

練習のときは思いっきり**失敗を重ねながら修正していき、完成された状態で本番を迎える**のが正しい練習のしかたなのです。

079

# 空を見てため息をつけば、気持ちも晴れる

また失敗した…。うまくいかない…。なんでこうなるんだ！　ため息でもつかなければやっていられないときは、きちんとため息をつきましょう。

ふつうは肩を落として「フゥ」とやりますが、これでは口元に〝負〟のため息が滞留してしまい、息を吸い込んだときにまたその負を体内に戻してしまいます。ため息をつくなら、空を見て**「フウ――ッ！」と体中の空気を出す勢いで思いきり吐く**のです。

全部吐き出してしまえば、体は自然と新しい空気を取り入れようとします。新鮮な空気が体中をめぐればそれまで澱《よど》んでいた**気持ちが切り替わり、解決策が見出せるようになる**はずです。

080

# 不調のときにどんな行動に出るかが「分かれ道」

誰のもとにも、好調と不調の波は周期的にやってきます。**調子がいいときには努力した分の成果が表れて、もっとがんばろうと上昇志向**になります。

ところが、**いったん不調の波がやってくると、そんなやる気が空回り**してしまいます。いくら努力しても報われず、きっと自分には向いていないのだとあきらめてしまうのがこのタイミングです。

一流になれる人というのは、不調の時期もやり方を変えません。今までどおりにコツコツと努力を積み重ね、次にやってくるいい波に乗る準備を整えます。

**調子がよくないときにどんな行動をとるかが人生の分かれ道**なのです。

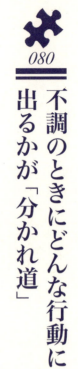

081

# あっちがダメなら こっちがあると考える

何かを成し遂げようとするとき、「意志のかたさ」を欠かすことはできません。しかし、その意志のかたさは、頑固で柔軟性のないかたくなさと紙一重です。「自分のやるべきことはこれしかない」と、周囲の雑音にはいっさい耳を貸さずに生きていると、もしそれが**ダメになったときにはすべてが音を立て崩れ落ちて**しまいます。でも、もうひとつの〝何か〟があれば、重心を変えながら立っていることができます。

**「あっちがダメならこっちがあるさ」の精神があれば、何が起きても大丈夫**とどっしりと構えて生きていけます。

082

# とことん開き直ってみると不可能が可能になる

これ以上悪い方向に進まないようにとあの手この手を尽くしたのに、とうとう足をすくわれてしまった——。こんなときには「もうだめだ」と自分に追い討ちをかけてはいけません。むしろ、**開き直ることが大切**です。

ギャンブルでは、負けに負けて**「もうどうにでもなれ」と開き直って全財産をかけたら大勝ちしたということはめずらしいことではない**のです。

ただし、開き直ったふりをして、心のどこかに未練を残していたら、いい結果は得られません。やけっぱちなぐらい、とことん開き直れば何が起きても不思議ではないのです。

083

# 99パーセント失敗しても残りの1パーセントにかける

一生のうちで、何のミスもないパーフェクトな1日というのはそんなにあるものではありません。忘れ物をしたり、電車に乗り遅れたり、家族とささいな口げんかをしてしまったりと、毎日は小さな失敗の連続です。

その一つひとつにいちいち落ち込んでいたら、身がもちません。

「私がやった仕事で本当に成功したものは、全体のわずか1パーセントにすぎない。99パーセントは失敗の連続だった」とは本田宗一郎の言葉です。**失敗はすなわち人生そのもの**であり、人生は失敗なくして成り立ちません。

上手くいかないのが当たり前という心構えで**チャレンジし続けることが、のちの成功につながる**のです。

084

# 人生を引き算すれば、本当に大切なことが見える

年齢を重ねるごとに、友人知人は増えていきます。それにともなってしがらみも増えていきます。多くの場合、**人生は足し算**という側面があります。

しかし、だからといって自分の容量が増えていくとは限りません。いつの間にか身の回りのことを抱えきれなくなって苦しくなっていないでしょうか。

**ときには人生を引き算する**ことを試してみましょう。自分を取り巻くいろいろなモノや人間関係を整理しながら、それが本当に必要なものなのか考えるのです。そして、**必要がないと思えれば、思い切って〝消去〟**してしまいます。

本当に豊かな人生とは、必要のないたくさんのものに囲まれることではなく、限られた必要なものを手にすることなのです。

085

# 結果が約束されないと動かないのでは失敗する

「飲めば痩せる！」「聴くだけで英語がペラペラになる！」など、耳触りのいい宣伝文句につい心が動かされたことはないでしょうか。

「○○すれば××になる」というのは、行動した結果に対して保証を求める人間の心理をついた巧妙なフレーズです。逆にいえば、人には結果が保証されないとなかなか行動を起こせないという側面があります。

ただ、行動した末の結果を保証することは誰にもできません。だからといって、**結果が担保されない限り動きたくないというのは愚かな考え方**です。

まずは**動かなければ何事も始まりません**。未来は予測不可能だからこそ面白いのです。

*086*

# 自分の言葉を持ったおもしろい人になろう

「え、これをそんなふうに見るの？」、「それは思いつかなかった！」。そんな発見をさせてくれる人はおもしろい人です。**ほかの誰のものでもない、その人自身の考え方や言葉を持っている**からです。

こういう人の人生は、きっと楽しいに決まっています。

**いろいろな本を読み、経験をして、自分の目と肌で感じて考える**——。そうすれば、あなたもきっと「おもしろい人」になれます。

087

# 思い立った時がきっかけ探しの時

今の自分をつくった〝きっかけ〟は何だったでしょうか。

もし、いくら考えても見当がつかないようなら、もしかすると幼い頃からずっと親や先生に敷いてもらったレールの上を歩いてきたのかもしれません。

**自分で道を探し出し、歩いていくのは困難もありますが楽しい**ものです。子供のころに探検ごっこをした人なら、この感覚がわかるでしょう。

このままでは自分の生き方に後悔しそうだと思ったら、今すぐきっかけ探しの旅に出てみませんか。

088

# その仕事を続ける意味を考える

毎日、気が進まない仕事に明け暮れる生活をキッパリとやめにしたいけれど、でも、辞めてどうする？……。そんなジレンマを抱えているなら、**今の仕事を続ける意味を考えてみる**ことです。

いやいやしている仕事でも、それに見合った収入がある。収入は少ないけど、時間がたっぷりあるから好きなことができる。安定しているから、家族がありがとうと言ってくれる。

このような**意味がひとつもないなら、一度リセットするタイミング**なのかもしれません。

089

# もう「すみません」は言わないと誓う

「すみません」は、ちょっと声をかけるときにも、お礼を言うときにも、それに謝るときにも使えて便利な言葉です。

でも、何でもかんでも「すみません」というのは考えものです。電車が揺れて足を踏まれたのに「すみません」、落とし物を拾ってもらっても「すみません」。これでは、**いいように扱われるだけの存在になってしまう**かもしれません。

自分に落ち度のないことで謝るのはやめましょう。**「すみません」を卒業すれば、それだけで堂々とした人になれる**のです。

090

# 自分の体への気づかいを忘れてはいけない

健康的に生きることを恥ずかしいことのように思う人は、少なからずいるものです。健康のことなどまったく気にせず、酒、たばこ、インスタント食品などに埋もれて暮らす生活。それが、〝わが道〟のように考えていたりする人もいます。

でも、**自分に与えられた体はこれっきり**しかありません。いくらお金があっても、**ダメになったからといって高性能なものに買い替えたりはできない**のです。

この体がなければ、楽しい思いはできません。**自分で自分の体をわざわざ食いつぶすことはない**のです。

091

# キッパリとあきらめてスッキリと忘れる

どれだけ丁寧に、誠意を尽くして話してもわからない人というのは必ずいます。おそらく、その人にはその人なりの信念があるのでしょう。それを他人のあなたが曲げてくれとはいえません。

そんな相手とはどこかの段階で距離を置くことも考えましょう。ときにはキッパリと諦めてスッキリと忘れることも必要です。

092

# 最期まで「自立」を目標に長い人生を生きていく

人生に目標がないという人は、**「どうしたら死ぬまで自立していけるか」**と考えてみてはどうでしょう。

**「自立」というのは、自分のことは自分でやること**です。自分で稼いだお金で食べ、身の回りのことは自分でやって、最期を迎えられたらけっこう幸せ。そう思いませんか？

# 3
# 弱点を克服する

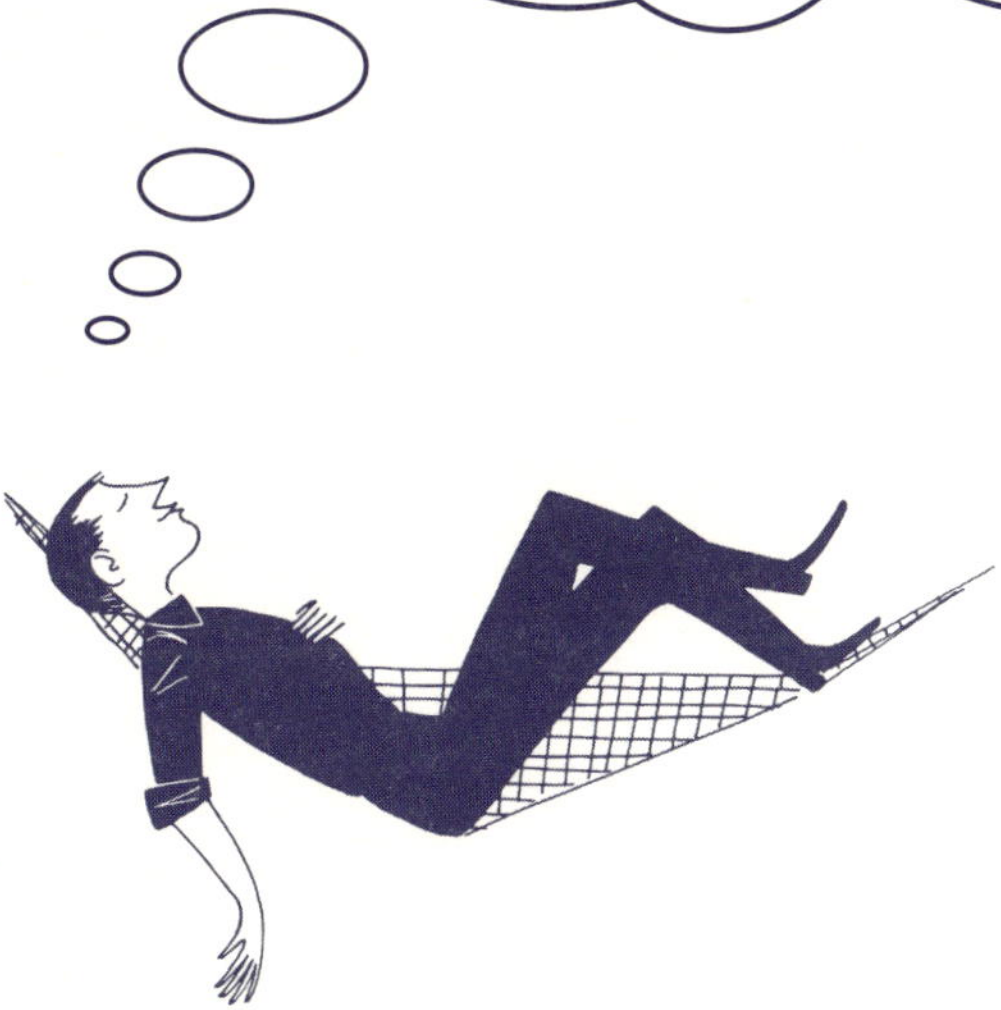

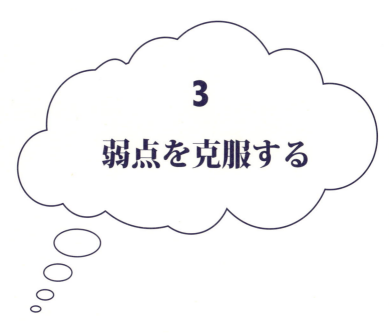

093

# ありのままを受け入れて口べたを解消する

実際はどうなっているのかを確かめもせずに「きっとこうだろう」とか「もし、そうだったらどうしよう…」などと、取り越し苦労をすることを杞憂《きゆう》といいます。

とりわけ口下手の人は、**どんな結果になるかわからないことを恐れすぎる**傾向にあります。

しゃべりのプロでもないのに自分のトークに自信をもっている人など、ほんのひと握り。目の前の相手にどう思われるのかが気になって、ますます口下手になってしまうなんてもったいない。開き直れば、肩の力が抜けて本来の自分に戻れます。

094

# 飽きっぽい人は遊牧民のように生きてみよう

何をやっても長続きしない飽きっぽい性格の人は、とかく周囲の人から「あいつは何をやってもダメだ」などとレッテルを貼られがちです。

ひとつのことをひたすらやり続けることは、たしかに美徳であり長所かもしれません。でも、その反面、行動範囲が限られてしまうことがあります。

一方、ひとつのことが続かないというのは、裏を返せば**いろいろなことに挑戦しているということ**でもあるのです。幅広い人間関係をもっていたりするので、新しい人脈が生まれたり、思わぬチャンスが舞い込んでくる可能性もあります。

**好奇心のおもむくまま遊牧民のように生きるのもマイナスばかりではない**のです。

095

# 「人間関係型」の人は常に「自分は」で考える

自分の目標を達成することよりも、周りの雰囲気をよくしようと心を配る人のことを社会心理学では**「人間関係型」**と分類します。

このタイプの人は人と人とのつながりを重視するあまりに、他人の言動や感情に左右されて自分を見失ってしまいがちです。

もちろん、揉めごとばかりが起きている環境がいいわけではありませんが、**考え方の違いや、周囲と多少の摩擦はあってこそ組織や人間関係は活性化する**ものです。

大切なのは、あくまでも自分の評価は自分の物差しではかること。**「自分は」どうしたいのか、「自分は」何を伝えたいのか、「自分は」どう思うのか**、常に「自分は」と向きあって考えるようにしておきたいものです。

096

# 常識的なモノの見方を外したところにユーモアが生まれる

椅子は座るもの、鉛筆は書くものと最初から決めつけてはいないでしょうか。たしかにそれはそうですが、**正面から眺めているだけでは〝ただそれだけ〟で何の面白みもありません**。

笑いは意外性を突かれたときに生まれます。誰もが抱くであろう固定観念とは違った角度からの奇抜な発想こそがユーモアの種になるのです。

ひとつの方向からだけでなく、**縦、横、斜め、裏からなどと、常識にとらわれない多面的なモノの見方**を身につけておきたいものです。

# 097
# 「ステレオタイプ思考」は真実を見誤る

自分では気づいていなくても、人は常にメディアなどの情報をもとにして物事を考えています。しかし、その前提となる情報が常に正しいとは限りません。知らぬ間に刷り込まれた先入観や偏見かもしれないのです。

**こうした思い込みや固定観念を信じてしまうことを「ステレオタイプ思考」**といいます。

世間やメディアがこういっているからとそれを鵜呑みにしてしまうと、真実を見誤ってしまうことがあります。天邪鬼《あまのじゃく》になる必要はありませんが、**自分の眼力や経験値、そして今まで培ってきた感覚を信じる勇気も必要**です。

## 098
# 「自己暗示」を効かせてモチベーションをあげる

自分の力とアイデアで根気よく人生を切り開いていった成功者の本などを読んでいると、何をするにも三日坊主で終わっている自分に嫌気がさすものです。

なぜ、最初の熱意がすぐに冷めてしまうのかというと、それは**自分の意識の奥深くまで決意が浸透していない**ことも一因です。

その「決意」を確実に根づかせるためには、**口に出して何度も自分に言い聞かせる**ことです。「1年後には○○の資格を取る」などと、自分が発した言葉には自分の行動を方向づけていく力があります。

内面に響き渡るように、大きな声で自己暗示にかけるのです。

099

# 長続きしない人は、「期限つき」でまずはじめる

夏休みも残り2、3日になってからようやく宿題にとりかかる小学生は少なくありません。大人も同じです。約束の期限や締め切りが迫ってきてはじめてがんばれるというタイプなら、**何かを始めるときに締め切りを設けてみるといい**でしょう。

たとえば、前もって旅行の計画を立てておくなどして自分の前にニンジンをぶら下げるのです。あるいは、もしそれが**できなければ金銭的な損が生じてしまうようなタイムリミット**をつくっておくのです。

自分で自分のことを袋小路に追い込んで、窮地に追い込むことが逆にエンジンとなるはずです。

## 100 「○○に決めた！」と声に出すと、実行力が身につく

チャレンジしたいことがあったら「○○でもしようかな」ではなく、**「○○することに決めた！」**と言ってみてください。それも、**家族や友人がいる前で口にするのがポイント**です。

このように人の前で「決意」を口にすると、**引くに引けない状況を自らつくり出す**ことになります。その時点ではまだ迷っていたとしても、一度口に出したからにはあと戻りせず実行に移さなければなりません。

それを聞かされたほうにしてみれば、ある種の期待を抱くはずです。これを心理学では「アナウンス効果」といいます。その結果、今まで身についた悪い習慣や怠惰な生活を劇的に変えることができるのです。

101

# 他人のせいにせず、自分にできることはなかったか考える

自分もかかわって起きたミスなのに他人のせいにする人がいます。自分は悪くない、悪いのはあいつだ、そう考えることで自分を正当化しようとしているのです。

しかし、このような心理状態に陥っていること自体、自分にも多少の非があったことを暗に認めていることになります。

にもかかわらず、それを自己正当化しようとすると心のバランスが崩れてしまいます。そして、またうまくいかなくなり、負のスパイラルにはまってしまいます。

そこから抜け出すためには、**自己正当化しようとしている気持ちを変える**しかありません。**「本当に自分は悪くないのか」「自分にできることはなかったのか」**、そう考えるだけで心は安定し、万事がいい方向へと向いていくのです。

## 102
# 自分が「ダメ」だと感じる原因を探ってみよう

ある人が「有能」かどうかを判断するのは難しいものです。にもかかわらず、人は限られた情報の中で、「できる人」「ダメな人」と決めつけてしまいがちですが、このように**単純に二極化する思考はキケン**です。

まず、その人に対する評価が硬直化し、ときに偏見や思い込みに囚われることになります。また、自分に対して「ダメな人」という断定的な評価を下すことで、どんどんネガティブになっていきます。そういう意味でも決めつけは要注意なのです。

103

# たとえ「こじつけ」であっても、前向きな評価を考える

たとえば、朝寝坊をして大事な会議に間に合わないとなったら、「なぜ自分は何をやってもうまくいかないんだ」とやけになってしまうことでしょう。

しかし、いくら悔やんでも失敗は取り戻せません。それよりも、**早く自分の気持ちを立て直すことが大切**です。

そのためには、「遅刻はしたが、後半から会議に出席できたのは急行電車に乗れたおかげ」とか、「反省する機会になったからかえってよかった」など、**ややこじつけでもいいので感謝するようにする**のです。たったこれだけで意外なほど前向きな気持ちになれます。

104

# 上司という人間ではなく、「役割」に敬意を表すと考える

どんな組織も、タテの人間関係でできあがっています。会社には社長の下に専務がいて、部長がいて、そして課長がいます。

そもそも、組織は〝役割の束〟であり、それぞれの役割をこなしていくためには権限の大きなものから小さなものへと並べて、上意下達する必要があります。

上司という人間にではなく、**「役割」に敬意を表わす**のだと思えば、上司に対するストレスも少しは軽減されるのではないのでしょうか。逆にいえば、その**役割を意識して自分の立ち位置を考えている上司はいい上司**ということです。

*105*

# いい人ぶって疲れるなんて意味がない

嫌われたくないからいい人ぶってしまうのは、もっとも疲れる生き方です。とくに、最初にいい印象を与えてしまうと、それをなかなか崩せなくなって、いつもいい人を演じていなくてはなりません。

そんな自分に疲れたら、**自分を「小出し」**にしていきましょう。相手の期待に応えてばかりいないで、本当にダメなときは「今さらそう言われてもそれはちょっと…」とか「今日はできそうにないのですが…」と、自分の限界をわかってもらえるように促します。

唐突に拒絶の姿勢を示すより、**相手が抱いている自分の印象を少しずつ修正していけばいいと考える**のです。

106

# 「非難」は聞き流すのが最大の心の防衛術

他人を非難する人には、大きく分けて2つのタイプがいます。

まず、**責任転嫁**です。自分の失敗を誰かのせいにしたいがために、「君の言うとおりにやったのに…」となすりつけたりします。

ふたつ目は**個人の好みの問題**です。他人から勧められてやったことで損をした場合などに「あなたは絶賛してたけど、ぜんぜんおもしろくなかった」などと誹謗中傷します。

しかしこれらの非難を真に受けて申し訳なかったと思い悩むことはありません。

「そうでしたか」と聞き流せばすむことです。

この**聞き流すという行為が最大の心の防御術**になるのです。

107

# 思い切って「幼児化」すると、人間関係の距離が縮まる

子供から大人になるにつれて言葉遣いは丁寧になっていくものです。しかも、どんどん回りくどくなっていきます。

子供なら「いらない」のひと言ですむところを、大人は「今は間に合っていますのでけっこうです」などと、まどろっこしくなります。

そこで、スマートに話をしたいと思ったら、**思い切って「幼児化」してみるとぎこちない会話から解放される**ようになります。よけいな形容詞をつけずに結論をズバリ、ひと言ですませばいいのです。

ただし、そこは大人ですからきちんとした知識と経験の裏づけがなければ、ぶっきらぼうで、ただの無教養な人と思われてしまいます。

108

# 集団行動が苦手な人は、それが自分の「役割」と考える

職場や町内会、ＰＴＡなど、誰でも何かしらのグループに属しているものです。そのグループにすぐに馴染めれば問題はありませんが、居心地が悪い場合はどのようにつき合っていけばいいでしょうか。

まず、自分を押し殺してまでその人たちに近づく必要はありません。**とりあえずはグループの一員を演じるというスタンスで十分**です。

集まりがあれば都合がつく範囲で参加し、イベントがあれば協力する。問題が起これぱいっしょに解決策を模索し、おもしろければ笑顔で拍手をすればいいのです。

そうすることで**徐々に馴染んでいけばいいし、それでも無理なら行動だけを共にするだけでもいい**のです。

*109*

## 心の葛藤は「きっかけ」ひとつでリセットできる

自分はまったく評価をしていない人が周りから高い評価を得たりすると、嫉妬したり、なぜだかイライラしてしまうものです。ただ、それを表情や態度に出してしまえば、逆に自分自身の評価を下げてしまうことになります。

このイライラ感は**「認知的不協和」**というもので、自分が認知していることと矛盾した出来事が起きたときや、心に葛藤が芽生えると起こります。

その**イライラを解消するためには自分の認知を変えること**です。「あの人は性格はイマイチだけど、仕事はできる」というように、周囲の認知に自分の認知を合わせるようにするのです。

多数派の意見に合わせたほうがストレスが溜まらないこともあるということです。

110

# 他人を攻撃する前には、まず「フォールスメモリー」を疑う

身に覚えのないことで責められて、困った経験はないでしょうか。そんな場合は相手を声高にののしる前に、「フォールスメモリー」を思い出してください。

これは、**実際にないものをまるであったかのように錯覚してしまう記憶のエラー**です。責めている当人は、それを事実と認識しているので嘘をついているわけではないし、誰にでも起こり得る心理状態です。

こんなときは感情的に対応するのではなく、当時の状況や周りにいた人の話などを冷静に伝えることです。そうすれば、相手も記憶違いに気づくかもしれませんし、自分もムダなストレスを抱える必要がなくなります。

## 111

# 説得力が足りないときは声を大きく、低く！

真剣に話しているのに、どうも真面目に聞いてもらえないと感じているなら、**声の高さや大きさを意識**してみてください。

心理学の実験で、**声は高いより低い方が、小さいより大きい方が、信頼性が高まる**という結果が出ています。

もともとの声質は変えられませんから、意識して落ち着いてはっきり話すようにしてみましょう。それだけで、説得力が増して相手のＯＫももらいやすくなるはずです。

## 112 信じてもらえないときは、「スリーパー効果」を使う

どうしても相手を説き伏せて首を縦に振らせたい。だけど、今までの自分の行動は今ひとつ信用性に欠けるので、きちんと説得できたか不安だ…。そんなとき、次に打つ手は「待つ」ことです。

相手に誠心誠意、心を込めて話をしても、説得しようとしている本人に信用がなければ、その場で相手を納得させることはできません。

しかし、**時間が経てば経つほど、説得されているほうはその人に対する記憶がしだいに薄れていき、話の内容だけが記憶に残る**ようになります。

これは**「スリーパー効果」**といって、最初は信憑性の低いと思われた情報でも、時間の経過とともに高くなるのです。とにかく待ちの一手で勝負することです。

113

# とっさのいい訳には「外的理由」を用意しておく

うっかり寝過ごしてしまい、せっかくのデートに遅刻をしてしまいました。さて、あなたならなんと言い訳するでしょうか。「寝坊しちゃって」と正直に言ったところで、相手を怒らせてしまうだけでしょう。

それを、たとえば「渋滞にはまっちゃって」と説明すれば、相手もしつこく責めるわけにはいきません。**「外的な理由」では、どうすることもできない**とわかっているからです。

嘘も方便といいます。**誰も傷つけずにその場を収めるためには場合によっては少々の嘘も許される**かもしれません。

## 114
# 時間がないときほど時計を見てはいけない

「時間がない！」というときに限って、何度も何度も時計を見てしまうものです。

しかし、時計を見るたびに集中力は途切れます。そして、刻々と進んでいく針を見ているだけで、さらにあせりを感じるようになるのです。

こうなれば、**時計を気にしている時間でさえも時間のムダ遣い**になります。時間がなくてあせっているときほど、**時間の経過を忘れる**ことも大切です。

115

# 自分の壁を破るのに易きに流れてはいけない

得意分野がある人は、ついそのことばかりをやりたくなってしまいます。当然、上手くやれるはずなので、周りからも評価されるでしょう。

しかし、それは**長い目で見ると成長の妨げになる**ことがあります。

あえて苦手なことに挑戦したり、**不得意な分野をなくそうと努力することこそが、大きな進歩につながる**からです。

易《やす》きに流れるのは人の性ですが、思い切って挑戦すれば自分の壁を打ち破れるかもしれません。

# 116
# 人は「無知の知」を自覚したときに大きくなれる

社会に出て、自分のあまりの無知に情けない思いをしたという経験をもつ人は意外と多いはずです。どんなに学業が優秀だったとしても、置かれた状況によっては、学んだことがまったく役に立たなかったというケースは珍しくありません。

しかし「無知」であることを、むしろ強みにする方法があります。

それは、**自分自身が無知であることを素直に受け入れる**ことです。

知らないことがあるということは、先入観がない状態なので、生半可に知識がある人よりもはるかに知識の吸収率が高いのです。

**「無知の知」**というソクラテスの言葉のとおり、無知であることを自覚した時点で、それは大きな一歩になっているのです。

*117*

# もっと相手を知りたいと思ったら、自分から心を開く

孤独感にさいなまれると、世の中のすべてのことが自分の存在を否定しているように感じられるものです。すると、人によってはどんどん心を閉ざしてしまいます。

そんな自分に嫌気がさしたら、思いきって自分のことを周囲に話すことです。

人間には、**内面をさらけ出してくる相手のことは受け入れやすくなる**という**「自己開示」**なる心理があります。

生まれつき孤独には慣れていると思えば、それで嫌われたとしても想定内です。自分の好きなモノや日常生活の話、出身地の話などどんな情報でもいいのです。それに共感して心を開いてくれる仲間が1人や2人、現れるものです。

## 118
# ふるまい方を変えれば、オドオドしていると思われない

緊張をするとオドオドしてしまうという人も多いはずです。こういうときには、ちょっとしたコツでそれを悟られないようにすることができます。

それは、**瞬きの回数を減らす**という簡単な方法です。瞬きは自律神経の働きによるもので、通常であれば1分間に20回程度の瞬きをします。ところが、緊張すると瞬きの回数が格段に増えてしまうのです。

そこで、意識して瞬きの回数を減らせば、たとえ**緊張していたとしてもそれを隠し通せる**というわけです。

*119*

# 色使いの効果を使ってストレスを軽くする

いくらつまらない仕事でも、仕事は仕事。そこはグッと気合を入れ直して、乗り切らなければならないこともあります。そんなときに多少なりとも仕事を楽しくするためには、**職場や書斎にきれいな色を加えてみる**ことです。

たとえば、**ストレスが溜まるならピンクやベージュ**といったやわらかな色の壁にしたり、単調で**すぐに飽きてしまうような単純作業をするときには、緑や青**が目に入るようにすると時間を短く感じさせる効果があります。

ストレスを少しでも減らすのに色の効果はあなどれないのです。

## 120
# 物事は、「俯瞰的思考」で組み立てて考える

物事に集中して取り組んでいると、つい視野が狭くなってしまいます。それはまさに「木を見て森を見ず」という状態で、大きなミスにつながりかねません。

大切なのは、**俯瞰的思考を心がける**ことです。

自分が取り組んでいることが**全体の流れの中でどのような役割を果たすのかを常に意識**しておけば、コトの本質を見失うことはありません。

**あえて一歩引いて上から目線で眺める時間を設ける**ことで、よりよい取り組みができるようになるはずです。

121

# 発想に行き詰まったら、9つのチェックリストにあてはめる

斬新な発想やひらめきは、滅多に生まれないからこそ賞讃されるものです。そこで、何もない無の状態から新しい発想を生み出すのではなく、**現在あるものから探すと**考えてみるのはどうでしょう。

そのときに役に立つのが**「オズボーンのチェックリスト」**です。転用・応用・変更・拡大・縮小・代用・再利用・逆転・結合という9つのチェック項目を確認し、**眠っているアイデアを掘り起こしてみる**のです。

新たな気持ちで検討すれば、見落としていたポイントや意外なアイデアの元を発見できるかもしれません。

# 122 「なぜ」を繰り返すと、問題の本質が見える

トラブルが起きたり、失敗してしまったとき、「なぜこんなことになったのだろうか?」と自問するのは当然のことです。しかし、この**「なぜ」は1回だけでは足りない**のです。トラブルの原因を探るには、直接的な原因だけでなくその**背景に潜んでいる要因まで突きとめて解決**しなければ、再発を防止できません。

たとえば、仕事でミスをしたとします。なぜミスをしたのか→疲れていたから→なぜ疲れていたのか→寝不足だったから→なぜ寝不足だったのか→雑用がたまっていたから→なぜ雑用がたまっていたのか→仕事を複数抱えているから→それなら今ある仕事を少し部下に割り振ろう、というように**潜在的な原因が明らかになれば、根本的な解決につなげることができる**のです。

123

# 不満を自分の成長につなげるにはコツがいる

不満に対する反応には、**外罰的反応、内罰的反応、無罰的反応の３つのパターン**があります。「ミスをしたのは相手の理解不足のせい」などという外罰的反応をする人は、他人を責めたり八つ当たりをするタイプです。

一方、「ミスをしたのは全部自分が悪い」と内罰的反応をするのは、何でも自分のせいにしてしまうタイプで、「そもそもしくみがよくない」などと、相手も自分も責めない無罰的反応を示すのは楽観的な反面、無責任な人でもあります。

西洋の格言に「不満は進歩の第一歩」というのがあります。自分の反応を見つめ直して、問題点を見つけるヒントにしてしまいましょう。

# 124 目標設定でつまずくと、「やる気」は続かない

日記をつけても続かない、ダイエットをしても3日坊主という人は、自分を「飽きっぽい性格」だとしてあきらめてしまいがちです。

しかし、それは必ずしも性格のせいではなく、**目標設定が間違っている**場合もあるのです。

継続のコツは、これくらいならやれそうだという**「効力期待」**と、これを続ければ望みが叶うはずだという**「結果期待」**のふたつをそろえることです。

目標が高すぎれば効力期待が下がるし、逆に低すぎれば結果期待が下がってしまいます。この2つの**バランスをとることが、継続のポイント**なのです。

継続は力なりといいます。このちょっとしたコツで三日坊主を返上しましょう。

125

# 本番に弱い人は、「脳の準備」を怠っている

ここぞという場面でなぜか失敗してしまう、いわゆる本番に弱い理由を自分のメンタルのせいだと思ってはいませんか。でも、じつは**メンタルの弱さというより、脳の準備を怠っている**ことが理由なのです。

ここでいう脳の準備とは、**あらゆるシチュエーションを想定すること**です。「相手がこう来たら、こう返す」「こんなハプニングが起きたら、こう対処する」といった行動パターンをあらかじめ準備しておくのです。でも、これができていないと、肝心なところで頭が真っ白になってしまいます。

**想定のバリエーションが多ければ多いほど、それに越したことはありません。むしろ本番ではどんと構えていられます**。そこにメンタルの強さは関係ないのです。

# 126 断れないときは、相手の言葉を借りて断る

断ることが下手なばっかりに、いつも**理不尽な要求を受け入れてしまう**…。こんな悩みをもつ人は、どこかで克服しないと、残念ながら一生ハズレくじを引くことになってしまいます。

そんな無理難題を断るときは、**相手の言葉を借りて拒絶する**のがベストです。

「今月、接待がかさんでカネがないから、ちょっと貸してくれない？」ときたら、「ボクも接待続きでピンチなんだ」と返す。「月末で仕事がたまってるから、飲み会の幹事頼むわ」ときたら、「ボクも月末で仕事がてんてこ舞いなんだ」と返します。

これなら**角は立たない**し、〝事情〟が同じとくればその人もこれ以上強く出ることはできないでしょう。

127

# 勝手な思い込みこそ自分の強みになる

一般に「思い込みの激しい性格」と聞けば、あまりいい印象はもたれないものです。他人の意見に耳を貸さなかったり、勝手に妄想に走ったりと、頑固でコントロールしにくいマイナスのイメージがつきまとうからでしょう。

しかし、**人間の性格なんてそうは変わらないもの。だったら、その思い込みをうまく利用するという手も**あります。

もう少しで成功するという一歩手前で挫折する人の大半は、自分の能力を信じ切れないことが原因です。どうせ思い込むなら、そのベクトルを自分の内側に向け、「自分はできる」と信じ込むのです。

自分が成功する妄想ならどんどんすべきです。

128

# 「食わず嫌い」になる前に好きになる

人から言われて行動することを**「外発的動機」**といいますが、これはどうしても持続しません。自分の中に動機がないので、ちょっと失敗したくらいでやる気をなくしてしまうからです。

逆に、自分から積極的にやりたいと思って行動する**「内発的動機」**は、もともと好きなことなのでどんなに失敗しても工夫して最後までやり遂げようとします。

しかし、誰もが好きなことだけをして生きていけるわけではありません。最初は、「やれ」と言われていやいや始めたことでも、そこに自分が**好きで得意な部分を見出すことができれば外発的動機を内発的動機に変える**ことはできます。

まずは、食わず嫌いをせずに好きになる努力をしてみることです。

129

# ないことを嘆くより もっていることに感謝する

「自分は学歴がない」

「自分は容姿がよくない」

「自分にはお金がない」

**自分にないものを「ない」と嘆くのは、どう考えても時間のムダ**です。それより、**自分がもっていることに感謝**すれば幸せになれます。

「たしかな舌をもっているから、おいしく食べられる」、「頑丈な体があるからどこへでもいける」、「いい耳をしているからきれいな音色に感動できる」…。

まだまだ、**もっているものはたくさんあるはず**です。

130

# 「怖い」と感じた瞬間が、人生大逆転のチャンス

最愛の人と別れたり、会社を辞めたり、つまらない意見の食い違いで長年の友人を失ったり…。大切なものを失うということは心が引き裂かれそうになるほど苦しいものです。そっと目を閉じると、どん底に落ちていく自分を垣間見るような錯覚にも襲われます。

たしかに、**落ちていくのは誰でも怖いもの**です。だからこそ、このときに感じる「嫌だ」「これ以上落ちたくない！」という、**すがりつくような気持ちはそのまま上昇する原動力**になります。

**「怖い」と思った瞬間が、人生逆転の大チャンス**。そこから心と体は上昇気流を見つけて必死に這い上がろうと動き出していきます。

131

# 「ねばならない」が劣等感を生み出す

勉強しなければならない、掲げた目標を達成しなければならない、もっときちんとしなければならない…など**「〜ねばならない」という気持ちは、向上心につながる一方で、劣等感のもとになる**こともあります。

「〜ねばならない」という思いを原動力にしてがんばればいいのですが、理想に届かないことに苛まれるくらいなら、「〜ねばならない」の呪縛から距離を置くようにするのもひとつの方法です。

「〜ねばならない」という思い込みがなくなることで、自分が抱える劣等感も消えてなくなることも多いのです。

132

# あがり症の人はロールプレイングで練習を

あがり症の苦悩は、あがり症の人でないとわかりません。

自分の番が近づいてくると心臓はドキドキ、手足は硬直し、喉がカラカラになって声まで出なくなってしまうこともあります。

そこで、**どうしてもあがってしまう人はあらかじめロールプレイングで自分の役割を演じる練習をしておく**といいでしょう。

「ロールプレイング」技法は、役割演技法と呼ばれている教育訓練法のひとつで、たとえば面接の日が近づいているのなら、家族や友人に面接官役になってもらい、**「面接を受けにきた自分」を何度も演じておく**のです。そうすれば、本番もそのとおりにやればいいだけで、ぶっつけ本番よりはずっとあがらなくなるはずです。

133

# 悶々と悩むより「できる人」に聞いてみる

自分ひとりで悶々と悩んでいてもいっこうにらちが明かないときがあります。そんなときの一番簡単な解決策は、**他人に聞くこと**です。

大人になると見栄やプライドが邪魔をして、なかなか他人に質問できなくなってしまうものです。しかし、それは奢《おご》りというもので、自らの世界をみすみす狭めてしまい可能性をつぶしてしまいます。

言い尽くされたことですが、**聞くは一時の恥、聞かぬは末代の恥**というではありませんか。自分より知識や経験が豊富な友人や上司、家族にアドバイスを求めてみましょう。まさに**一時、ちょっと恥ずかしい思いをするだけ**で、意外なアイデアを思いついたり、未来が急に開けたりします。

134

# もっとみんなで無責任に夢を語ろう

現実が厳しいと、夢を語れなくなってしまいます。ましてや、それを聞いてくれる人に余裕がないと、こんなことをしたい、あんなふうになりたいと言ったところで、「夢みたいなことを言うな！」「夢は寝て見ろ！」などとからかわれるのがオチです。

でも、**夢を語ってバカにされるのもおかしなこと**です。本来、夢は無責任に語ったところで誰からも批判をされることもないし、話せば話すほど楽しくもなります。その結果、「実現」の二文字が待っていることもあるのです。

**もっと、もっとみんなで無責任に夢を語り合おう**というスタンスのほうが、自分も周囲もきっと楽しいはずです。

135

# 1回で2度おいしい人生を生きる

人生は1回きりだから、仕事も1つしか選べない。本当でしょうか。

戦前は人生50年といわれていました。現代の日本の平均寿命は男女ともに80歳以上、30年も長く生きられるようになりました。

もし、20歳で社会人になって30年働いたところでリセットして、もう一度新たな道を歩むとしたら、2回、人生を楽しめることになります。

これなら、子供の頃にあこがれだった仕事にチャレンジすることも不可能ではありません。

136

# 会社に定年はあっても、自分の仕事は死ぬまでできる

会社を定年まで勤め上げ、リタイアして悠々自適で過ごす。それが、サラリーマンの基本と思われているフシがありますが、果たしてそうでしょうか。

定年退職は社会の制度のひとつであって、みんながみんなそれに従わなくてはいけないわけではありません。

誰よりも**早く仕事を辞めて地域に貢献する**もよし、**死ぬまでできる新たな仕事に身を投じてみる**のもよし。それだけでも人間としての可能性は広がります。

137

# 幸せになれる読書で新たな人生の扉を開く

本には、メールやネットの情報にはない〝感情〟がこもっています。だから、今の**自分の気持ちにぴたりと合う本に出会うと、出会った幸運に感謝したくなる**のです。

そんな本との出会いを経験した人は幸せです。「本は友だち」といい切れるようになったら、**新たな人生の扉を開いたも同然**です。

138

# ひとり遊びしながら「人生とは何なのか」と考える

人生を有意義に過ごしたかったら、ひとり遊びできるようになることです。ひとりで過ごしていると、会話をしないぶん、自分にさまざまな問いかけをするものです。

「自分はこれからどうなるのか」、「自分とは何なのか」、「そもそも人生とはどういうことか――」。

**自分を深く見つめ、自分の心に何度も問いかけることで、人生は大きく変わる**のです。

139

# 今日も明日も感動を求めていい

身体は歳をとるとともに錆びついていくなどといわれますが、心も使わないままでいると錆びついてしまいます。

周りの人が感動していることに心を動かされなくなったり、どんなに美しい風景を見ても何とも思わない。それは、心がすでに錆びついている証拠です。

あなたの中にたしかに存在した、本来のみずみずしい感性を取り戻すためには、五感に刺激を与え続けることです。

いい本を読み、美しいものを見て、おいしいものを食べる。**感動を求めて日々を過ごせば、毎日が充実したものになる**はずです。

# 4

# 結果が出せる

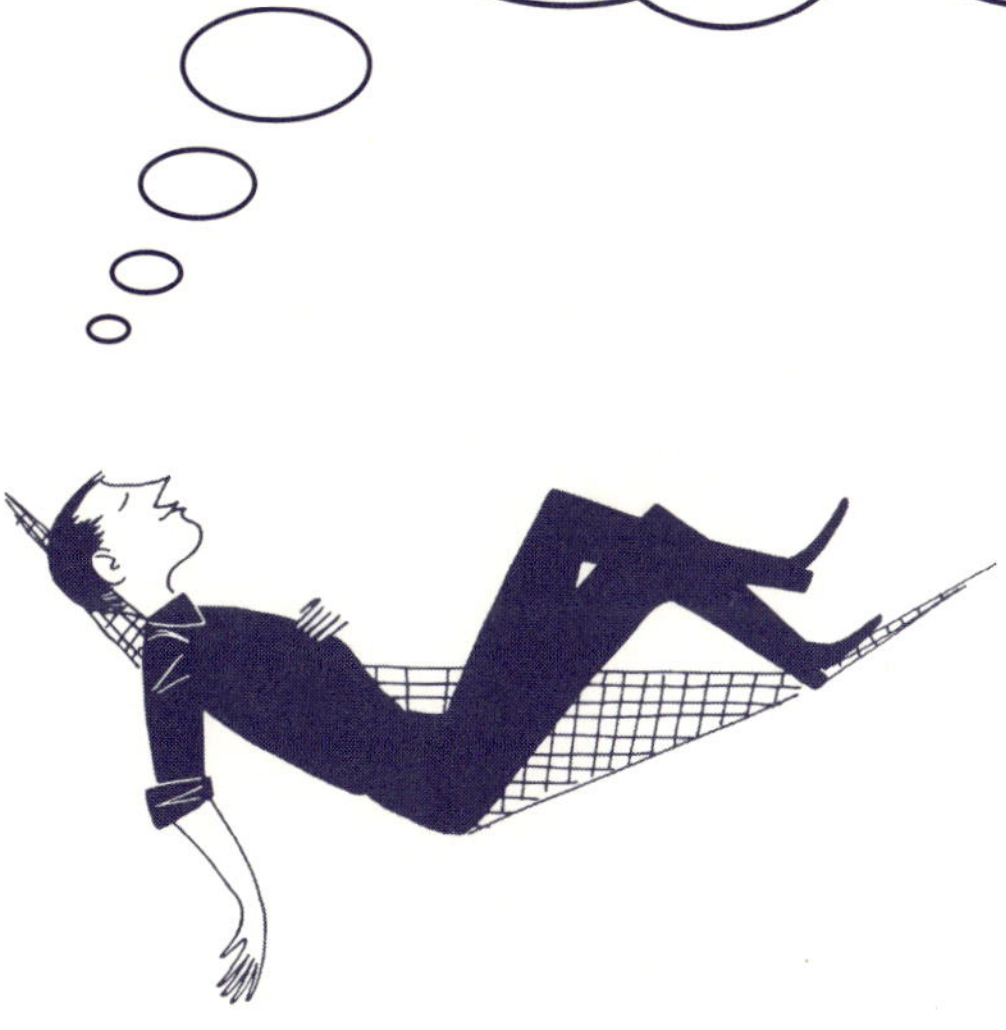

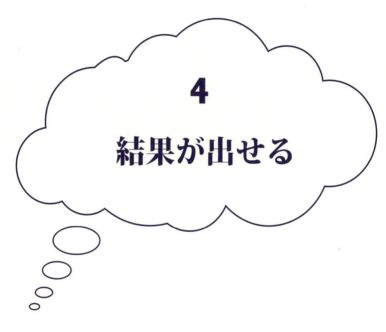

140

# 経験を上手につめば、不安と恐怖心に打ち克てる

はじめてのことにチャレンジし、しかもそれを成功させなければならないとなると、不安や恐怖でいっぱいになるものです。このどうにもならない**不安や恐怖に打ち克つためには、やはり心の強さが必要**です。

では、どうすれば心は強くなるのでしょう。それは**「経験」を積むこと**以外にありません。

つまり、それは**不安や恐怖に勝負を挑むということ**です。怖いからといって逃げていては、いつまでたっても打ち克つことはできません。勇気を出して真っ向から勝負あるのみです。

141

# 「為せば成る」ではなく、「なるようにしかならない」

どんな仕事や勉強であれ、為せば成るという気持ちで一生懸命に取り組むことは大事なことです。とはいえ、必ずうまくいくとは限らないのが現実です。

そんなときは、**「為せば成る」から「なるようにしかならない」と気持ちを切り替えてみる**ことです。

適当な解決策や妙案も浮かばないまま強引に物事を押し進めようとすれば、かえって問題をこじらせることにもなりかねません。**なるようにしかならないと肩の力を抜いたほうが、むしろうまくいくもの**です。

142

# マイナス感情を撃退すれば次につながる

最近のスポーツ選手は、試合に負けても「結果が出せなくて申し訳ありません」と世間に向けて謝ったりはしないようです。**「これが現在の自分のベストです」とか「今日の結果を次に生かしたい」**などと、自身に向かって鼓舞するようなモノの言い方をします。

真面目な人ほど、失敗したことをいつまでもくよくよと引きずってしまいがちですが、これは**自分を客観視できていない証拠**。自分を**一歩引いたところから見ることができれば、いつまでも悩んでいること自体がムダだと思える**ようになります。

世の中にはミスをしない人間などいません。自分を引きずり下ろそうとするマイナス感情と結びつけないことが大切です。

143

# 目立たない人の中に、未来のリーダーが隠れている

子供のころにリーダー格だった子は、大人になってもリーダーとして組織を引っ張っていくタイプだと思われがちです。

でも、実際にはそんな人ばかりが人の上に立つわけではありません。なかには、メンバーの意見に真摯《しんし》に耳を傾け、グループの調和を優先するタイプもいます。常に率先して集団を牽引するのではなく、メンバーの一員として積極的に輪の中に入っていき、その中で自らも成長しながら全体を静かに目標に導いていく。これもまた立派なリーダー像です。

自分は目立たないタイプだから**リーダーには向いていないと思うのは、自分の可能性の火を自ら消している**のと同じことなのです。

144

# できる大人は「しか」と「も」を使い分ける

言葉はちょっとした使い方しだいで、自分の気持ちを追い詰めることも、楽にすることもできます。

たとえば、**「あと1日しかない」というと気持ちばかりがあせってしまいイライラが**募ってきます。しかし、**「あと24時間もある」と考えれば落ち着いてやれそうな気持ちになる**ものです。

逆に、仕事が終わらないときは、「まだ半分も残っている」では気が重くなってしまいますが、「よし、あと半分だ」と考えればゴールは間近になってやる気も湧いてきます。

## 145
# 「ストック時間」をつくって、気持ちにゆとりをもつ

よく仕事は忙しい人に頼めといわれるように、できる人ほど仕事が集中するものです。だからといって、仕事に忙殺されてばかりしていると、そのうちに自分自身が枯渇していく感覚に襲われます。

そうならないためには、**意識的にストックの時間をつくること**です。お金と同じで、知識や情報にも蓄えがあればいざというときに役立ちます。

たとえ短い時間でも、**毎日自分に向き合う時間をもつことで、満ち足りた、余裕のある自分でいることができる**のです。

146

# 「強み」を伸ばせば、オンリーワンも夢ではない

自分の苦手分野を克服してそこそこ何でもできるようになる、というのは受験勉強的な考え方です。

たしかに偏差値を上げるためには、弱点の克服は不可欠ですが、社会人になればそれは必要ありません。むしろ、やるべきことは**自分の得意分野を伸ばすこと**です。**他の誰にも負けないくらい得意な分野や特技を伸ばせば、オンリーワン**になることも夢ではありません。

何でも100パーセントうまくやれる人間なんていません。**苦手な分野は思いきって人に任せる**というくらいの気持ちで、強みをさらに磨いたほうが仕事のしがいがあるというものです。

## 147 次につながる必勝パターンはプロセスをストックすること

成功したときというのはどうしてもうれしさが先に立ってしまい、途中のプロセスを振り返ることは少ないものです。

しかし失敗した場合には、その原因は何だったのか、どこをどう変えればうまくいったのかといった**〝次〟につながる何通りもの必勝パターンを考える**ことになります。

つまり、そのうまくいかなかったプランを再び実行に移す際には、**いくつものブラッシュアップされたプロセスのストックができあがっている**ということです。

失敗という経験から学んだ者だけが、大いなる成功を手にすることができるのです。

148

# 自分で自分をほめると人生は好転しはじめる

自分で自分をほめるなんて恥ずかしいと思っていないでしょうか。そんなことはありません。どんな些細なことでも自分をほめてみましょう。そうすることで、**人生は好転させる**ことができるのです。

たとえば毎日、きちんと身だしなみを整えて遅刻せずに出勤している自分をほめる、誰にでも笑顔であいさつできる自分をほめる…。

こうして自分で自分をほめ続けていると、しだいに「自己肯定感」が高まってきます。するといつの間にか自信がついてきて、**さまざまなことにチャレンジしようという意欲も高まる**のです。

自分をほめれば、好循環のスパイラルに巻き込まれていくのです。

149

# つまらない仕事ほど全力でぶつかってみる

よく人生にムダなことはひとつもないといわれるように、仕事にもムダなことはありません。それでも、面倒でつまらない仕事がまわってくると、やる気になれないのがふつうの人間です。

そんなときは、ふだんの仕事以上にその**つまらない仕事に全力でぶつかってみる**ことです。単調な仕事なら、タイムトライアルで時間の短縮を図ってみるとか、とことん仕上げにこだわってみるのもいいでしょう。

つまらない仕事ほど**バカになって真剣に取り組むのです。そうして自分を追い込んで〝無〟の状態に置くことで人間には真価が生まれる**のです。

150

# シンプルな言葉を強調すると心に残る

広告を見ていると、どのくらいすごい商品かを表現するために「世界初」とか「ナンバーワン」、「驚きの〜」などの言葉がよく使われていますが、大げさすぎるとかえって消費意欲が萎えてしまうものです。

同じように、「これは絶対成功します！」とか「すごい企画です！」などと大げさにいわれると、それだけでもうけっこうということになります。**強烈な言葉を日常的に耳にしていると、人間はしだいに無反応になる**のです。

それよりも、**シンプルな言葉で、それがもつよさを1点だけ伝えられたほうがしっかりと心に残ります**。情報過多の時代だからこそシンプルにいきましょう。

151

# ポジティブな言葉は周囲をポジティブにする

話し合いは全員一致で終わることができれば、それに越したことはありませんが、少数派の意見も尊重されるべきです。むしろ、さまざまな異論反論があってこそ充実したものになります。

とはいえ、あまりにも真っ向から反論されたらつい言い返したくなってしまうものです。そんなときには、グッとこらえて**「ご意見ありがとうございます。それについては○○と考えます」**と応えてみましょう。

積極的な言葉には、**自分のみならず、周囲をポジティブにする力**があります。

## 152 他人に頼みごとができない人は結局、損をしている

人に頼みごとができない人というのは、何かお願いごとをするのは申し訳ないことだと思っているフシがあります。「面倒だと思っているに違いない」などと**勝手に決めつけてしまい、気軽に頼めなくなってしまう**のです。

ところがある実験によれば、面倒なことであればあるほど、頼まれたほうはうれしいと思う傾向にあるという結果が出ています。**人間には、頼られると人の役に立ちたいという願望がある**からです。見て見ぬふりはできない、放っておけない、だから手を差しのべたいと思うのが人間が人間たるゆえんです。

自分ひとりの手には負えないと思ったら、勇気を出して身近な人にお願いしてみましょう。

153

# 相手を知れば知るほど、苦手意識は薄まる

はじめて会ったときによくない印象をもってしまうと、もうその人とは二度と会いたくないと思うものです。

でも、**第一印象ですべてを決めつけるのはもったいない**と思いませんか。何度か会っているうちにそれまでの印象がガラリと変わることはよくあるからです。

とくに、仕事などでどうしてもつき合っていかなければならない相手なら、なおさらです。そんなときは、自分から率先して話しかけてみてください。すると、相手に対する苦手意識はしだいに薄まってきます。

たとえ好きになれなくても、**「嫌いではない」レベルまでもっていければ大人の関係としては充分**です。

154

# 迷った仕事を受けるか、断るかはここで見極める

仕事で断りの返事をするときは、できるだけ早くするのが鉄則です。なぜなら、先方にしてみれば、次の一手をすぐに打てるからです。

それを断ったら相手はきっと困るだろう…などと気を回しすぎて時間を浪費してしまったら困るのは取り引き先です。

頼まれるとなかなか断れないという人には、**「人に嫌われるのが怖い」**という心理が働いています。この場から逃げるにはどうすればいいのかなどと考えて、よせばいいのに**単純な問題を複雑に考えてしまう**のです。

仕事は、即効性と効率が求められます。期限がある仕事ならなおさらのことで、**迷ったらすぐにはっきりとＮＯと言うべき**なのです。

155

# 「子供心」を思い出せば、発想のスイッチが入る

企画に必要なのは「発想力」です。**新しいモノの見方やとらえ方があってはじめておもしろい企画が生まれる**のです。

もっとも、実効性のあるアイデアはそんなに簡単に出てくるものではありません。

そこで、考えすぎて煮詰まったときは**童心に戻ってみること**です。

子供のころに虫採りが大好きだったという人は野山に出かけてみたり、テーマパークの世界にときめいたという人はもう一度遊びに行ってみるのもいいでしょう。

**幼少の〝あのころ〟の自分を思い出すことで、発想のスイッチが入る**のです。

156

# 気が合わない相手には「テット・フォー・タット作戦」で

ウマや反りが合わない人と一緒に仕事をするのは苦痛ですが、そうもいっていられないこともあります。そんなときは〝しっぺ返し作戦〟で乗り切ってみましょう。

これは心理学では**「テット・フォー・タット作戦」**といわれるもので、**やられたらやり返す、つまり相手の態度と同様の態度で応える**という方法です。

たとえば、敵対的な態度を示してきたら、同様に敵意をもって応える。協調的な姿勢を見せたときには同じように協力をしてあげるのです。

これを続けていると、相手にしてみれば自分の出方によって仕事がやりやすくなったり、逆にやりにくくなったりすることに気づきます。すると、**否が応にも慎重な態度をとらざるをえなくなる**というわけです。

157

# 仕事のストレスは、あくまで会社で解消する

仕事のストレスを仕事以外のことで解消しようとする人は多いものです。酒を呑むという人もいれば、スポーツジムなどで汗を流すという人もいるでしょう。しかし、これは**単に気を紛らわせているだけ**で、真の意味でのストレス解消にはつながりません。じつは意外かもしれませんが、**仕事のストレスを解消できる場所はただひとつ、それは職場**なのです。

病に倒れたときは、その根本的な原因を治療しなければ完治しないのと同じように、仕事で生じるストレスは仕事そのものへの取り組み方を改善するなどして解決するしかないのです。

158

# 「やらなきゃいけないこと」はリストにしてひとつずつ消してゆく

「交通費の請求」「定期健診」「忘年会の企画」など、どんなに忙しくても本業以外のことに時間を割かなくてはならないことがあります。

しかし、仕事を優先してついそれらのことを後回しにしてしまうと、仕事以外のことが常に〝気になる存在〟になってしまいます。すると脳は混乱を起こしてしまい、ますますやりたくなくなってしまいます。

それを解消するためには、やらなければならないことをリスト化することです。

そして、**すぐにできることはその日のうちに片づけて、リストから消していく。**

何が終わっていて、何がどれだけ残っているのかを可視化できれば、**一つひとつ確実にやるべきことを消化していく喜びも感じられるようになる**ものです。

159

# 伸び悩む人に「ブレイクスルー」は突然やってくる

いくら努力をしてもいっこうに成果が見えないことがあります。そうなると、これ以上やってもムダだと投げ出してしまう人は多いものです。

何をやっても結果が出ないときというのは、**誰にでも訪れる「停滞期」**なのです。

しかし、この時期を乗り越えれば必ずまた成果が出はじめます。これは**「ブレイクスルー」**、つまり**今まで乗り越えられなかった壁を乗り越えた瞬間**なのです。

このブレイクスルーは、つらい時期に努力をしてサジを投げなかった人だけに訪れます。

160

# できる大人は「自分の儀式」をもっている

屈伸をする、バットを立てる、ユニフォームの袖を触る…。大リーガーのイチロー選手がバッターボックスでバットを構えるまでには一連のルーティンがあります。**毎回、同じ動きをすることで一定のリズムが生まれ、集中力が高まる**のです。

これはスポーツ選手だけに限ったことではありません。ジャンルにかかわらずいい仕事をしている人は、**自分なりの〝儀式〟のようなもの**をもっています。それは、気がつけばルーティンになっていたりするものです。

あなたには今、儀式といえるルーティンがありますか？

## 161

# 「過去」は変えられなくても、「未来」は変えられる

気分がイラついているときというのは、どんな些細なことでも癇《かん》に障《さわ》ってよけいにイラついてしまいます。仕事が思いどおりに進まない、部下が勝手なことをする、電車が遅れている、スマホが見当たらないなど、さまざまなことが重なったときにはイライラは頂点に達します。

でも、**この中には自分ではどうにもならないものと、工夫しだいで何とか改善できるもの**があります。自分ではどうにもならない電車の遅れなどは、本来、腹を立ててもしかたがないものです。

よく**「他人と過去は変えられないが、自分と未来は変えられる」**といいますが、変えられないものに対して怒ったところでエネルギーをムダ遣いするだけです。

162

# ボディ・ランゲージで「受け入れ姿勢」を見せてみる

どんなときでも「今、お時間よろしいですか？」などと、いちいち改まって話しかけてくる部下がいたら、あなたが話しかけにくい雰囲気を漂わせている証拠です。

椅子の座り方ひとつとっても、**相手を受け入れる用意があるということを示すボディ・ランゲージ**があります。**手足を軽く開いて座り、背もたれにもたれてリラックスした姿勢をとるのです**。こうすれば、「話があれば聞こう」という雰囲気になります。

逆に、いつも腕組みをしていると受け入れたくないという空気を暗につくっていることになります。ちょっとしたことですが、姿勢を意識するだけで周囲の雰囲気はずっとよくなるはずです。

163

# 目標を10年後にすると、達成できることがある

ダイエットや貯金などのような具体的な数値がある目標や目的ならば、少しでも早く実現したいと考えるものです。

しかし、**目標の達成期限をあまりに短くしてしまうと、逆に現実が見えてきてやる気がなくなる**ことがあります。

たとえば「1年後には収入を2倍にしたい」という目標を立てたとしましょう。できないことはないかもしれませんが、あまり現実的ではありません。では、10年後ならどうでしょうか。可能性はぐっと上がるはずです。

**急いては事を仕損じる**というように、長い目で見た方が目標に早く近づけることもあるのです。

164

# 「前半オフ・後半オン」で休むと、月曜の朝からエンジンがかかる

土日になると身も心もどっぷりと休日モードに入ってしまい、休み明けの仕事が憂鬱になったりするものです。

じつは、連休には**〝正しい休み方〟**があります。多くの人は前半に遊んで、後半は仕事のことを考えて家でゴロゴロして過ごそうと考えがちですが、それは間違いです。

そうではなく、前半はどれだけ怠惰に過ごしても、**最後の1日は思いっきり体を動かしたり、どこかへ出掛けてみる**のです。

すると、だらけていた心と体にスイッチが入り、仕事モードに戻りやすくなります。**「前半オフ・後半オン」**が正しい連休の過ごし方なのです。

165

# 頭に記憶が残っているうちに、やっておきたいことがある

「自分は記憶力が悪くて何でもすぐに忘れてしまう」と、勉強に挫《くじ》けてしまう人はただ記憶する方法を間違えているだけかもしれません。

というのは、たいていの人は覚えたつもりでも記憶の3分の2を9時間以内には忘れてしまうからです。残りの3分の1も数日内には忘れてしまうものなのです。

ですから、覚えたことが頭に残っている**9時間以内に、もう一度覚え直して記憶を確実に定着させていく**ことが大切です。

ちなみにこれを5回繰り返せば、記憶はより確かなものになります。

166

# 自分のラッキーグッズで、舞い上がる気持ちを鎮める

試験やプレゼンテーションなどで緊張したときに、それを和らげるアイテムとして有効なのが**「自分だけのラッキーグッズ」**です。

よくスポーツ選手などがここ一番の大勝負で、胸元に手を当ててユニフォームの下のお守りをぎゅっと握るしぐさを見せることがありますが、それがその選手のラッキーグッズというわけです。

いうなればおまじないのようなもので、それに**触れば「緊張が和らぐ」**と自己暗示にかけているのです。

緊張がともなう場面では、そういう小物をラッキーグッズとして身につけたり触ることで、**舞い上がりそうな気持ちを鎮めることができる**はずです。

## 167
# どんな相手でも、説教をまるごと鵜呑みにしてはいけない

上司に怒られれば誰でも落ち込むものですが、**上司の説教をそのまま鵜呑みにしない**ほうがいいときもあります。上司によっては理不尽な要求を押しつけてきたり、自分のストレスのはけ口として部下を必要以上にどなる人もいるからです。

確かに自分のミスはいわれたとおりに反省すべきですが、それ以上に人格を否定されたり、無責任な発言をされたときには、鵜呑みにせずに聞き流すのが得策です。すべてを真に受けていては心が壊れてしまいます。いわれのない説教は**軽く聞き流し、今後は同じミスを繰り返さない**ことです。

## 168
# 目的地から逆算すれば、最短ルートを描ける

物事が思いどおりに進まないときは、やり方そのものを見直してみるのも手です。なかでも効率アップの手段として誰でもすぐ簡単に実践できるのが、**「結果」から逆算して考えてみる**ことです。

たとえば仕事であれば、まずどんな成果をあげたいかという**「目的地」を設定**します。その**目的地から逆にたどっていく**だけで最短のルートを描きやすくなり、格段に効率がよくなるはずです。

急がば回れとはいいますが、この考え方は余分なことはせずに**最短ルートを目指す**ものです。ようするに、どんな難解な問題でも答えさえ知っていれば解き方がみえてくるのと同じです。

169

# アナログ情報を集めると、思わぬ副産物が得られる

自分の中にある知識の引き出しを増やすためには、デジタルではなくアナログな情報収集が力を発揮する場合があります。

キーワードを入力すれば狙った情報をピンポイントで得られるネット検索とは違い、アナログなやり方は目的の情報に行きつくまでに自分で動き回らなくてはなりません。調べていく過程では必要のない情報にも行き当たってしまうこともありますが、じつはそれこそが**知識の引き出しを増やしてくれる**のです。

効率至上主義ともいえる世の中ですが、ときには**あえて手間暇かけてみる**のも思わぬ副産物に出会えるチャンスになるのです。

170

# 〝いっぱいいっぱい〟のときは、「引き算」で考える

不思議なもので、忙しいときほど次々とやらなければならないことが増えたりします。あれもこれもと取りかかっているうちに、手いっぱいになってしまうことも多いでしょう。

そんなときは、思い切って**「仕事を引き算」**してしまいましょう。優先順位の低い作業から取り除いて、最優先の作業を見つけ出します。

いわば、**仕事を交通整理**するのです。

限られた時間の中で作業をするときは、**割り切りも必要**だということです。

171

# 苦手な人にこそ、ちょっとした親切を忘れない

人間には**「なんとなくこの人は苦手だ」**と感じる相手がひとりくらいはいるものですが、しかしそんなときは苦手だと一方的に決めつけず、むしろ味方にしてしまうくらいの積極さで接するといいでしょう。その方法は、**ほんの少しのことでいいから恩を売っていく**のです。

たとえば、電話中にメモ用のペンがないか探している人がいたなら、サッとペンを差し出してあげてください。残業で追い込まれている姿を見たら、さりげなく缶コーヒーの1本でも差し入れてはどうでしょう。

人から受けた**親切は、たとえ小さなことでも頭にしっかり刷り込まれる**のです。

172

# やりがいのある仕事は、今の仕事が生んでくれる

やりたい仕事があったからこの会社に入ったのに、その仕事がめぐってこない。となると、「転職」の2文字が頭に浮かんでくるものです。

とはいえ、**やりたい仕事が与えられるなどというのは、かなり稀なこと**です。それでも、やりがいをもって仕事をしている人がいるのは、**与えられた仕事の中におもしろさを見出している**からです。

自分に課せられた役割をいかに果たすか、その仕事が社会をどのように動かしているのかなど、**広い視野で仕事を見てみるとやりがいを感じることができる**のです。

つまらないからといって何の工夫もせずに次から次へと仕事を変えているようでは、充実した人生など手に入れることはできません。

173

# やる気がでないときは、〝自分へのご褒美作戦〟で

やる気が出ないときは、**〝自分へのご褒美作戦〟**が効果的です。

ある脚本家は、モチベーションが上がらないときにデスクの上に札束を置いておくといいます。「これが終わったらギャラが○○万円入る」と思うと、やる気が出るというのです。

このような**自分にとっての〝ニンジン〟があれば、たとえ苦しくても前へ前へと進んでいける**ものです。その稼いだお金で何を買おうかとあれこれ考えたら、ますますスピードアップしませんか。

## *174*

# 人生でやりたいことを１０１個考えてみよう

**「人は少なくとも人生における１０１個の目標を立てなくてはならない」**と言ったのは、世界で１億部以上売れた『こころのチキンスープ』の著者マーク・ビクター・ハンセンです。

　１００という数字は「満了」を意味するのでそれ以上はありませんが、１０１だと限りなくその先があります。

「まだある」と思えば、努力は続けられます。**生きている限り「おしまい」はない**のです。

175

# 荒唐無稽であっても、自分の理想像を心に刷り込もう

5年後、10年後の自分を思い描いたときに悪いイメージしか浮かばなかったら、そのイメージをいったん消去して理想の将来像を描き直してみましょう。このとき、「今の自分がそうなれるわけがない」などとは間違っても考えないことです。

トップビジネスマンになって世界各地を飛び回っている自分や、気の合うパートナーと笑いの絶えない家庭を築いている姿など、あれこれ考えたら**「私は世界を飛び回るトップビジネスマンです」**、**「私は世界一幸せな夫であり、父親です」**と現在形で口にします。

**胸を張って、毎日何度も自分に言い聞かせてください**。すると、その未来像に確信を得ることができるようになります。

176

# 1万時間が経てば、自分の未来が決まる

**「1万時間の法則」**というのを聞いたことがありますか。誰でも**ひとつのことを1万時間積み重ねることができれば、その才能を発揮できる**というものです。

たとえば、ゴルフを1日8時間、コツコツと練習したとします。累積時間が1万時間を超えるのは日数にして1250日、つまり3年と5か月くらいで結果が出せる計算になります。

まさに、**継続は力なり**。1万時間が経ったとき、あなたの未来は変わるのです。

177

# 大きな仕事を任されたら〝小分け〟して考える

はじめての仕事というのは、プレッシャーもひとしおです。効率的な手順がわからないうえに、何をどう進めればいいのかも迷うところです。

しかし、悩んでばかりいても先には進めません。まずは**仕事を細分化する**ところから始めましょう。

**「下調べが必要なもの」「確認しなくてはいけないもの」「仕上げの段階で必要になるもの」などに分けて、優先順位をつけていく**のです。

全体をひとつの〝塊〟で見ていると未知なる物体に見えるものでも、小分けにしてみると具体的な形が見えてきます。そうすれば必要以上に怖がることはないとわかります。

178

# ひらめきは考え抜いた先にやってくる

ひらめきというのは、何もしていないのに天から降ってくるものではありません。それは、考えて考え抜いて、もうこれ以上考えられないという領域に達したときにやってきます。

**資料をできる限り集めて読み込み、その情報を裏から表から分析し、どうすればいい方向に進むのかをひたすら考える時間をもつ**のです。

そして、**考え抜いたころにひと休みすると、不思議なことにひらめきは突然降って湧いてきます。**

179

# 「自分自身」と「自分がやったこと」はあくまで分けて考える

仕事でミスをして叱責されたら、誰しも落ち込むものでしょう。しかし、忘れてはいけないのが、とがめられたのはあくまでも「自分がした仕事」であって、自分自身が否定されたわけではないということです。

世の中にはミスをしない人というのはいませんし、**成功している人ほど失敗の経験も多い**ものです。その都度、自分自身が否定されたと感じてしまったら疲れ切ってしまいます。

**「自分自身」と「自分がやったこと」を客観的に区別する**ことができれば回復するのも早くなるはずです。

180

# なんでもかんでも謙遜してはいけない

何かを褒められたときには「いえいえ、それほどでも」、「私なんてまだまだ…」などと謙遜するのが当たり前だと思っていないでしょうか。

奥ゆかしさは好感をもたれますが、ちょっと後ろ向きな面もあります。このように自分を卑下するような言葉ばかりを使っていたら、自己肯定感が低くなってしまいます。

もっと自分に自信を持ちたいなら、**素直に「ありがとうございます」と答えればいい**のです。そのほうが、褒めたほうもうれしくなるものです。

181

# 会議はセッション、正解よりも思いつきを

人前で意見を言うのが苦手という人は、**「間違ったことを言ってはいけない」という呪縛にかかっている**のかもしれません。

たしかに学校ではそういうふうに教えられることがあったかもしれません。でも、いきなり正解を出してしまえば、話し合いなど楽しくもなんともありません。むしろ、**荒唐無稽な意見をたくさん出し合って、そこからみんなで正解を導き出すのが会議**です。

会議はセッションです。むしろ人に笑われるような思いつきやあっといわれるような突飛な発想をたくさん出したほうがいい結果が出るものです。

182

# 結局、何事もやってみなければわからない

**失敗するのが怖いから、何もしない。これでは、テストで白紙の答案用紙を提出するのと同じ**です。

勉強不足で点が取れないとわかっているテストでも、とにかくやってみればどこが理解できていて、どこがわからない分野かがわかります。

何もしないと、**自分の強みや弱点さえ永遠に気づかない**ままです。

183

# 一流の人になるために
# まずは形から一流になる

スポーツのチームでも企業でも、強い組織ほど礼儀正しく、自分たちの仕事場をいつもきれいに保っています。

これは個人でも同じで、**一流の人ほど礼儀や言葉遣い、身だしなみなどの細かな部分ほど手を抜きません。**

一流の人になりたかったら、**まずは「形」から**。姿形や立ち居振る舞いが一流になれば、実力なんていつでも後からついてきます。

## 184

# 過去を変えたいと願うより今を変えることを考える

今さら戻ってやり直すことはできないとわかっているのに、過去ばかりを振り返って後悔してしまう人は、いっそのこと夕日に向かって「この世にタイムマシンはない！」と叫んでみてはどうでしょうか。

**変えられない過去を変えたいと願うことは馬鹿げた発想**です。そのことはきっと、本人が一番わかっていることでしょう。

そんな無意味な後悔をしているヒマがあったら、**今の自分に何をプラスすれば幸せになれるのかを真剣に考えてみること**です。

建設的な考えの先には、新しい展開へ導いてくれる幸せのドアが待っているはずです。

185

# うまくいったときこそもっと大胆に攻める

仕事がうまくいくと、ホッとするせいか気を抜いてしまいがちです。でも、そこで安堵《あんど》してはいけません。

**うまくいったときこそ、次はもっと大胆に、そして勇猛果敢に攻めていく**のです。そうでないと、さらにステップを上がったり、現状を打破したりすることはできないからです。

**「これくらいでいいか」と思ったら、成長はそこでストップ**してしまいます。どんどんアグレッシブにいきましょう。

186

# 自分に不足しているものは同じレベルの人と比べればわかる

今の自分には何かが足りないと感じつつ、それが何なのかわからないというときは、**自分と同じような仕事をしている人を観察してみること**です。

たとえば、新聞や経済誌には自分と似たような仕事をしている人がインタビューに答えたりしているものです。それを読めば、その人がどんなスキルを持っていて、どんなふうに考えているのかがわかります。

**その人が持っていて、自分に足りないもの。それこそが、あなたが強化すべき点**なのです。

187

# 任命されてなくてもリーダーになってもいい

**リーダーになりたいと思ったら、リーダーシップを発揮すること**です。リーダーに任命されていないのだからといって、リーダーシップを発揮してはいけない理由はありません。

この企画や戦略は絶対にいけると思ったら、どんどん発言して会議を引っ張っていってください。社内の雰囲気を盛り上げたいと思ったら、飲み会の音頭をとって仕切ってしまえばいいのです。

消極的では何事も楽しめません。**何でもとことん楽しむ姿勢があれば、リーダーとしての素質は自然に磨かれる**のです。

188

# 脳に刺激を与えてくれる異性の友人を持つ

いつも男同士や女同士、仕事仲間、ママ友などと群れていると頭の中は〝同類の思考〟に染まってしまい、視野が狭くなってしまいます。

そんなときに、**脳に刺激を与えてくれるのが異性の友人との長話**です。彼（彼女）と一緒にいるだけで、どんなくだらない話でも脳のシナプスが動き出しているのが実感できるからです。

**男女の関係ではない異性の友人は一生の宝物**といっていいでしょう。

189

# あきらめることは執着しているものからの〝脱皮〟

あきらめきれないものがあると、そちらばかりに意識が傾いてしまい、せっかくのチャンスに見放されてしまうことがあります。そのことを**ふっきるだけで、目の前がパッと広がる**のに、そのことに気づけないのです。

あきらめることは「ダメ」でも、「弱いこと」でもありません。**次へ進むための、ただの〝脱皮〟**なのです。

190

# 肉体労働で野性の本能を刺激する

昔の仕事は肉体労働が中心でした。山で木を切り、畑を耕し、海で魚を獲る。家事労働も例外ではありません。

ＩＴや機械が発達した現代は、額に汗して働く機会が減り、便利でラクな世の中です。でも、**ラクすることを覚えると人間の思考能力は低下**します。

21世紀の人類は頭でっかちで、元来人間が持っていた魅力を失いかけているのかもしれません。**厳しい環境の中に身を投じて、汗を流して、野性の本能を刺激する**必要がありそうです。

# 5

# 心を強くする

191

# コンプレックスにもメリットがある

背が低い、太っている、センスが悪い、人前でうまくしゃべれないなど、誰もが何かしらのコンプレックスをもっているものです。ただ、それがあまりにも強くなって**自己肯定感が低くなってしまうのは問題**です。

そのせいでマイナス思考に陥ってしまったときは、**それだけ自分の短所を把握できている**というふうに考えるようにしましょう。

あとは、そのコンプレックスをどうやって改善していくかを考えて行動していくだけです。

192

# 「内気」なことをマイナスにとらえてはいけない

気さくで明るくて、しかも行動力がある。現代ではそんな外向的な性格が理想とされる風潮にあります。

逆に、**内向きな性格は暗い、引っ込み思案などのマイナスイメージがつきまといがち**です。

たしかに、内向的な人は繊細でナーバスなところがありますが、その分、**忍耐力や持続力に優れていて感性も豊か**です。

内気な性格は損、というのは単なる思い込みでしかなく、内向的な性格でも強い意志があればリーダーとなって活躍することもできるのです。

193

# 「頼まれごと」は腹八分目でとどめる

人からお願いされたことを次から次へと引き受けているうちに、自分のキャパシティや守備範囲を超えてしまうことがあります。

すると、余裕がなくなってすべてが中途半端になってしまいます。結局、迷惑をかけることにもなりかねません。

人からの頼まれごとは、**自分の受け入れ能力の八分目くらいで留めておく**ことです。そのためには、断る勇気が必要です。

194

# 同調するのがイヤなら我が道をいく勇気をもつ

「あの人が反対だと言っているから自分も反対しておこう」などと、自分の意見を他者の要求に合わせて変えることを **「同調行動」** といいます。

この行動は、集団の中で仲間はずれにされたくないという心理が働いているときにも表れます。

人と同じ歩調をとることにストレスを感じる人は、無理をしてその集団に帰属することはありません。**自分が正しいと思ったら勇気をもってわが道をいけばいい**のです。

195

# 「メタ認知」が足りない人が無鉄砲な挑戦を繰り返す

うまくいくかどうか五分五分というプロジェクトを成功させる人と失敗する人にはある能力の違いがあります。

それは**「メタ認知」**です。

これは、自分の思考や心理状態を客観的に見つめることで、自分の弱点を知り、**実現のためには何が必要かを冷静に分析する**ことによってムダな感情の高ぶりなどを抑えることをいいます。

何度も無鉄砲な挑戦を繰り返して同じように失敗してしまうのは、メタ認知ができていないせいです。自分をしっかりと見極めて、成功への扉を開きましょう。

## 196 「二分割志向」に傾く人はグレーゾーンを設定する

何をするにも完璧でなければ気がすまない人は、物事をオール・オア・ナッシングでとらえてしまうことが多いようです。**100パーセントでなければゼロと同じと考えてしまう**のです。こうした考え方を**「二分割思考」**といいます。

これを人間関係にも当てはめてしまうと、自分で自分を追い込むことになってしまいます。自分の味方をしてくれる人は「白」、逆に自分の意見に反対する人は「黒」などと決めつけてしまい、どんどん敵を増やしてしまうからです。

そうならないためには、**心の中に意識的にグレーゾーンを設けておくこと**です。

実際の人間関係では、敵でも味方でもない人がほとんどです。そういう人たちをグレーゾーンにたくさん入れておけば、人づき合いに身構えることもなくなります。

197

# 相手の助言にムッとしたら、自分で推測して納得する

人からアドバイスされたときに、ムッとした経験がありますか。**相手に悪気がないとわかっていながら素直な態度がとれない**というときは、その人の気持ちについてじっくり考えてみることです。

すると、あれは親切心からの忠告だったとか、言いにくいことを冗談めかして言っただけだったなどと推し測ることができます。

その自分の**推測に納得できれば、気持ちはスッとおさまる**ものです。

まずは、ひとりになったときに冷静に考え直してみることが大切です。

198

# 妥協ばかりでは、達成感が味わえない

何事も「まぁ、いいか」で終わらせれば、必要以上にがんばらなくてもいいし、思いどおりにいかないからといって葛藤が生じることもありません。

しかし残念なのは、**妥協ばかりしていると「やったぁー！」という心地よい達成感がいつまでたっても味わえない**ことです。

自分はいつも中途半端だ、もっと何かに熱くなりたいと思ったら、山登りでも何でもかまいません。まずは**全力でやり遂げる経験をしてみる**ことです。

一度、成し遂げた喜びを感じるようになると、何事にも踏ん張りが出てきます。

自分を甘やかすことよりも、もっと楽しい世界があることを知ってください。

199

# 怒りが爆発しそうになったときの自分のルールをつくる

ついカッとなって売り言葉に買い言葉で相手をののしったりすると、人間関係が台無しになってしまうことがあります。そうすると、損をするのは自分です。

その悪いクセを直すためには、**自分で簡単なルールを決める**ことから始めます。たとえば、カッとしそうになったら「大きく深呼吸する」とか「一歩下がる」など、怒りを爆発させないための自分なりのルールを決めておくのです。

そして、それを確実に意識的に実行するために、紙に書いてポケットやサイフに入れておきます。カッとなる前に、服の上から**紙の入れてあるところを触ってみてください。衝動を抑えられるように念じる**と効果的です。

200

# 大成功する人は、「失敗は成功の母」と知っている

一度や二度ならまだしも、失敗を頻繁に繰り返すのはほめられたことではありません。しかし、**大成功をおさめている人というのは過去に数え切れないほどの失敗を積み重ねている**ものです。

では、なぜ失敗を経験して成功する人と、失敗だけで終わる人がいるのでしょうか。それは**失敗をポジティブにとらえているか、ネガティブにとらえているかの違い**ということがあります。

かのエジソンも「わたしは、今までに、一度も失敗をしたことがない。電球が光らないという発見を、今まで2万回したのだ」といっています。

201

# 恐怖心に勝つには、経験値を上げる

臆病になるというのは、その人の性格が影響しているというよりは、**単なる知識不足からくることが多いもの**です。

その証拠に、自分が何度もやってきて自信があることに関しては堂々と、ほとんど気後れすることなくできるのはそのためです。お化け屋敷だって、しかけやカラクリがわかっていればそれほど怖くないのと同じです。

もっと自信をもちたいと思うなら、まずは知識を得ることです。たとえはじめてのチャレンジであっても、ある程度の**知識と心構え**があれば乗り越えていけます。

202

# 姿勢をちょっと変えるだけで、自然と自信が涌いてくる

姿勢ひとつで人に与える印象はガラリと違ってきます。かなりのイケメンでどんなにスタイルがよくても、背中を丸めながらうつむき加減に歩いていては、**大事なことを任せられない人**とみなされてしまいます。

また、そんな評価をされるとますます自信を失い、肩が下がって猫背になって…と、姿勢がよけいに悪くなってしまうのです。

しかし、不思議なことに**姿勢をよくすれば心もまたいい状態になる**ものです。自分に自信がない人は、姿勢をシャンとして胸を張るだけでいいのです。自然と自信が湧いてくるのが実感できるはずです。

203

# 自信過剰タイプほど ハマってしまう〝罠〟がある

いつも遠慮がちに小さくおさまっているだけでは、大きなことは成し遂げられません。ときには自信過剰になることも大いにけっこうです。

ただし、本当に**自信のないことまで自信だけで乗り切ろうとするのは危険**です。やみくもに突っ走ってしまうと、周囲の人たちに大きな迷惑をかけるばかりか、取り返しのつかないことにもなりかねません。

いくら自信があることでも **〝能ある鷹は爪を隠す〟ことを肝に銘じて**、少し謙虚なくらいのほうが物事はうまく進みます。

204

# 要領の悪い人は、そのことをまず自覚する

仕事をうまく進められない、どうしても時間がかかってしまう。そんな悩みを自分の能力のせいだと考えていませんか。

でも、よくよく原因を探ってみると、**単に要領が悪いせい**かもしれません。

これは、**「自分は要領が悪い」と自覚することで改善する**ことはできます。

仕事を始める前にやるべきことの優先順位を明確にしておいたり、手順を簡単なチャートにしてまとめておいたりすることで、ムダのない時間配分が可能になります。仕事は工夫しだいです。

205

# 心の中の〝言い訳スペース〟は減らしておく

何か行動を起こさなければと思いつつ、何もしない人が考えていることといえば、どうやって言い訳をするかです。

「失敗したら損をするかもしれない」とか「まだ今は時期じゃない」などと、**できない理由を山ほどため込んでいる**のです。

これは、『イソップ寓話』に登場する、**手の届かないブドウを「あれはすっぱいからいらないよ」というきつねと同じ**です。

たしかに、マイナス面だけを見ていけば不安は大きくなってしまいますが、**物事にはメリットとデメリットの両方が存在する**もの。自分に勇気をもたせたかったら、心の中の言い訳スペースを減らしていきましょう。

206

# 「信念」はもちすぎなければかえってうまくいく

信念をもって生きるなどというと、恰好ばかりつけてといわれそうですが、あまりに**些細なことにこだわると逆に自分を苦しめる**ことになってしまいます。

たとえば、小さなミスをした自分を執拗に責めたり、人の手助けに対して「情けは受けない」とばかりに虚勢を張ってみたり…。

自分にも思い当たるフシがあると思ったら、まずは**信念をもちすぎない**ことです。

そして、多少無理があっても「しかたがないな」とつぶやいてみましょう。

「許す」ことができるようになると、**自然に窮屈さから解放**されます。

207

# 「悲観的」なことは、悪いことじゃない

楽観主義者はおおらかで大胆といった評価をされます。その一方で、不安や心配が先に立つ悲観主義者は、慎重だけれど気が小さいなどといわれがちです。

ところが見方を変えれば、**悲観的な性格にも大きなメリット**があります。それは、常に最悪の事態を想定し、石橋を叩いて渡るようにして行動するので、リスクを抑えることができるのです。

つまり、**危機管理能力に優れている**のです。

気の小ささは計画性や緻密さの裏返しであり、危険を察知して先読みができるのは大きな強みでもあります。せっかくの**長所を自分で否定してしまわないように気をつけたい**ものです。

208

# ストレスは、ときに必要なエネルギーになる

現代病の元凶のようにいわれているストレスですが、では、まったくストレスのない環境にいれば人間は健康になれるのかといえばそうではありません。

たとえば、快適な温度や湿度が保たれた静かな部屋で1人で過ごしたとき、人は3日とこの環境に耐えられなかったという実験結果があります。

つまり、**何の刺激もない状態というのも精神の健康にとってはよくない**のです。

身に降りかかってくるストレスも、考えようによっては**「必要なエネルギー源」**だと考えれば、図太く生きていくことができるのです。

209

# 後半生のロードマップをおおまかに描いておく

ある程度の年齢に差しかかってくると、先行きに不安を覚えることもあるでしょう。若いころは勢いでどうにかなっていたことも、人生の折り返し地点を過ぎるころになるとたった一度の失敗がその先の人生設計を大きく狂わせることもあります。

それを回避するためにも、**後半生のロードマップを考えておくといい**でしょう。目指す目的地や、そこに至る過程を大まかにでも描いておけば、たとえハプニングに見舞われても落ち着いて軌道修正することができるはずです。

**無計画に生きると、人生を台無しにしかねない**のです。

210

# ほんとうにそれが「自分らしさ」なのか見つめ直す

人から「あなたって○○な人だよね」と言われることがあると思います。自由奔放だとかケチだとか、周囲から見たイメージで評価されるうちに、自分でもそれが「自分らしさ」だと思い込んでしまいます。

しかし、本当にそれが「自分らしさ」なのか今一度考えてみてください。**その評価が自分の行動の足かせになっている**かもしれません。

**人間はさまざまな顔をもつ生き物**です。

本当に自分らしく生きたいのなら、他人から与えられた「自分らしさ」という固定観念を打ち破らなければならないときもあります。

211

# 道筋を「数値化」するだけで、夢は近づく

目標にしていたことを成し遂げて喜んでいる自分をはっきりとイメージできたら、目標は半ば達成できたも同じといえます。

ただ、目標はあちらから歩いてやってくることはありません。自分から歩み寄っていくものです。そのためには、**目標達成までの道筋を数値化して考えてみる**ことです。

たとえば、「やせたい」ではなく「3か月で3キロやせたい」というように、期間や目標にする数値を具体的にはじき出します。すると、そのためには今どうすればいいのかがはっきりと見えてくるはずです。

**夢を叶える最良の方法は、ズバリ目覚めること**です。

212

# 「一貫していること」にこだわると、失敗する

物事がうまくいかなくて悩んでいるとき、よく耳にするのが「自分らしさを忘れないで」といったアドバイスです。

たしかに、思い詰めて自分を見失っているときには心に響きますが、逆にこの**「自分らしさ」という言葉が足かせになる**場合もあります。

そもそも「自分らしさ」が自分の内側にあると思ったら、それは大きな勘違い。**自分らしさは周囲からの影響や物事の価値観に触れてこそ構築される**ものです。

**その人らしさなんてものは置かれた状況によってぶれるのが当たり前**だという前提に立てば、そこではじめて「自分らしい」選択ができるはずです。

213

# 落ち込んでいるときに、大事な決断をしてはいけない

職場で嫌なことがあったり、失敗したりすれば誰でも気持ちは沈むものです。こんなとき、ナイーブな人ほど**「もうやめちゃおうかな」**と短絡的になりがちですが、**こういう精神状態のときに、会社を辞めるかどうかなどの大事な決断はすべきではありません**。

**気持ちが沈んでいるときは、心が電池切れ寸前**のようなものです。充電という大きなエネルギーを要する時期を前にして、一時的に逃避しているにすぎません。

こういうマイナスの思考回路に陥ったら結論はいったん先送りにして、充電が終わってからもう一度考えるべきです。それでも「辞めたい」と思うなら、そのときこそ辞めどきかもしれません。

214

# 問題から逃げるときは、逃げている自分を自覚する

何かにつけて物事がうまくいかなくなると、つい他人のせいにしたり、社会が悪いからだと自分を正当化したくなるものです。

それはそれでいいのです。ただ、そうやって**逃げている自分に気づくことが大切**なのです。そして、これから先、自分はどうしたいのか、**落ち着いて自分のことをじっくりと観察**してみてください。

そうすると、今まで気づかなかった自分を発見できるはずです。その〝**気づき**〟**が、今の自分から脱出する一歩目になる**のです。

215

# 嫉妬する気持ちはプラスのエネルギーに転嫁する

嫉妬というとどうしてもネガティブなイメージがつきまといますが、**嫉妬心は使い方ひとつで毒にも薬にもなります**。

たとえば、あなたが嫉妬したりうらやましかったりする相手は、あなたがほしいと思っているものをすでに手にしている人ではないでしょうか。それは名声やお金、あるいは社会的地位や理想的な恋人だったりします。

つまり、それらはあなたが本当に欲しているものや、人生の目的だったりするのです。あなたの**本音や理想をそのまま投影**しているといってもいいでしょう。

216

# 負のプレッシャーに勝つ思考パターンを真逆にして

プレッシャーに負けやすい人というのは、どうしてもプレッシャーから逃げることばかりを考えてしまいます。そのため、**よけいに緊張して自分の力を十分に発揮できなくなる**のです。

そこでプレッシャーに勝つには、この**思考パターンを真逆に変えてみる**ことです。つまり、プレッシャーから逃げようと考えず、それをうまく利用すればいいのです。

たとえば、一流のスポーツ選手の多くは逆境になるほど燃えるといいます。彼らがここぞという大事な場面で活躍できるのは、**「負」のプレッシャーを「プラスの原動力」に変えている**からなのです。

217

# イヤな予感は潜在意識が発するシグナル

虫が知らせてくれたおかげでピンチを回避できたという話は世界中にあります。嫌な予感というのはその人が過去に経験した情報をもとにして、**「これは危険だ！」と潜在意識が発しているシグナル**です。

つまり、不吉で嫌な予感がするときは、以前にも同じような経験をして失敗したことがあるということ。そんなときにはそのまま突き進まずに、**一度立ち止まって「何か問題はないか」と現状を見直す**ようにしてみるといいでしょう。

**自分の内から発するシグナルに耳を澄ませば、似たような失敗を繰り返さずにすむようになる**はずです。

218

# いつまでもクヨクヨすると「ハンフリーの法則」に陥る

いつまでもくよくよと反省ばかりをしている人がいますが、そうなると「自分はできる」という自己効力感が低下して、「きっとまた失敗する」と思い込む〝失敗グセ〟がついてしまいます。

それが度を越してくると、**「ハンフリーの法則」**に陥ることがあります。

これは意識的に考え過ぎて、今までできていた簡単なことすらできなくなってしまうという法則です。そうなってしまっては、ステップアップをするどころではありません。

失敗から学ぶところを学んだら、あとは**気持ちを切り替えて次に進む**ことが大切です。

219

# 心に不安があるときはモーツァルトを聴いてみる

ふだんはロックやヒップホップばかりを聴いているという人も、心に不安がよぎったら**クラシック音楽を聴いてみる**といいでしょう。

実際に、病院の待合室などではＢＧＭとしてクラシック音楽を流しているところが多いのですが、これはクラシック音楽が**不安や痛みを和らげることが知られている**からです。なかでも、効果があるとされているのはモーツァルトやショパンの曲です。

モーツァルトやショパンが生きた時代は、現代社会よりも時間がゆっくりと流れていました。たまには、彼らが生きた時代に思いを馳せながら耳を傾け、気持ちにゆとりをもたせたいものです。

220

# いつまでもクヨクヨする人は一度、自己分析してみよう

失敗して〝クヨクヨ〟を引きずる人がいますが、こういう人は**「空間認知能力」**が高い傾向があります。

空間認知能力とは地図などを読むときに役立つ能力ですが、**この能力が高い人はイメージ能力が高い**ともいえます。

つまり、何か失敗したあとに「あのときにこうしていれば…」などというリアルな描写が浮かんできて、いつまでも失敗が後を引いてしまうのです。

この空間認知能力は一般に男性のほうが高いとされています。失恋したときなども男性のほうが未練がましいのはそのためかもしれません。

221

# 自分自身を仕分けると、悩みの根元が見えてくる

漠然とした不安や悩みにさいなまれ、人生に行き詰まりを感じている――。そんなときは**自分自身を「仕分け」してみる**といいでしょう。

仕事や恋愛、家族、友人などの人間関係といった項目ごとに、**現在置かれている自分の状況を整理**していきます。すると、どこかに悩みや不安の原因となる要素が存在することがわかるはずです。

「解決策がわかっていないのではない。問題がわかっていないのだ」というのはイギリスの作家チェスタートンの言葉。**原因さえわかってしまえば、案外あっさりと現状を打破できる**ものなのです。

222

# 努力しなければ、ひらめきは生まれない

ひらめきを生む思考回路は、多くの場合、努力しなければ身につけることができません。

ひらめきはどちらかというと**右脳の働きに負うところが多いので、意識して右脳で処理をする情報に触れるようにしましょう**。

その右脳で処理されるのは味覚、嗅覚、触覚で得た情報です。根強く記憶に残る傾向がある一方で、整理しにくいという特徴があります。だからこそ、**ふとしたきっかけで思い出し、ひらめきにつながる**ことがあるのです。

**百聞は一見に如かず**といいますが、自分の舌で得た味やにおい、感触には、無限の可能性を秘めた情報が詰まっているといえるでしょう。

223

# 怒りのメカニズムを知れば、感情コントロールできる

裏切られたり、物事がうまくいかないときに怒るのは自然なことです。しかしその怒りを制御できなければ、人間関係を壊してしまうことにもなりかねません。

人は、**行動と結末をある程度予測**して生きています。予想とは違う結果になりそうになると不安が生まれ、それを打ち消すために怒りが湧いてくるのです。

怒りの感情を鎮めるには、その**原因を見直したり、第三者に話を聞いてもらったりする**ことが有効です。

ピタゴラスは「怒りは無謀をもって始まり、後悔をもって終わる」と言い残しています。**怒りにまかせて行動してしまったら、必ず後悔する**ということを肝に銘じておきたいものです。

224

# 有言実行のためには、「求められている」ことを意識する

やせたい、やせたいと口グセのようにつぶやいているのに間食を止められない、節約しなくちゃとわかっているのによけいなものを買ってしまう——。これでは周囲からの信頼もますます低くなってしまいます。

有言実行のために必要なのは、自分の行動が**「他人からも求められている」と感じる**ことです。**親しい人の期待に応えたいという心理が働く**からです。

自分のためだけにはできないことでも、**大切な人のためならがんばれる**ということです。

225

# 厳しい世の中を生き抜くには、いい加減＝良い加減と考える

自分はまじめにやっているだけなのに、**周囲からはなぜか遠ざけられてしまう**――。こういう悩みがあるなら、自身の性格が**潔癖すぎる**きらいがないか振り返ってみましょう。

何事も白か黒かで判断しようとしたり、正論だけで押しとおそうとすると、周りにいる人たちはどんどん離れていきます。

「いい加減＝良い加減」を身につけるのも、社会を生き抜くうえでのちょっとした知恵です。

226

# 物事を多面的に見ると、ポジティブになれる

ヨコから見れば三角形にしか見えないピラミッドも、上から見れば四角形に見えるように、**物事は多面的に考える**必要があります。

自分の欠点ばかりが気になって自信がもてないというなら、その**欠点を別の角度から見てポジティブなものに変えるクセ**をつけましょう。

たとえば「短気」を欠点だと思っているなら、それには「何事にもスピーディ」とか「決断が早い」という長所になると考えればいいのです。「優柔不断」が欠点というなら、「誰よりも慎重」だと自負すればいいのです。

**見方をちょっと変えるだけで、心もポジティブになる**はずです。

227

# 「何の役割もない」と思えるちょっとした時間をつくる

**人は歳をとるごとに役割が増えていく**ものです。

どんなに毎日が充実していても、気づけばクタクタになることもあるでしょう。なぜなら、さまざまな役割を使い分けることで自分自身を見失ってしまうからです。

そうならないためには、1日30分だけでいいですから**「何の役割もない自分」でいられるパーソナルな時間をつくる**ことです。

趣味があるならその時間に充て、何もなければひとりでカフェに入ってお茶を飲むだけでもいいのです。

この時間でリセットする習慣をつけると、どんなにハードな局面に遭遇しても自分を見失わずにすみます。

228

# 自分はどこへ行こうとしているのかと不安に思うのは悪いことじゃない

漠然と毎日を過ごしていて、「あれ？　自分はどこへ行こうとしているのだろう」と不安になることはないでしょうか。

そんな不安が脳裏をよぎったら、「ああ、よかった」と思ってください。なぜなら、**あらぬ方向に進もうとしていたかもしれない人生を軌道修正できる**からです。

進むべき方向がわからなくなったときは、**まず自分が今どこにいて、どっちに進もうとしているのかを把握**し、そして進むべき道をじっくりと考えましょう。

孟子は、「道爾《ちか》きに在り、而《しか》るに諸《これ》を遠きに求む」と言いました。人は**求めすぎると近くにある真理を見落としてしまいます**。

229

# 見返りを期待しないほうが幸せ度は高くなる

相手によかれと思ってやったことなのにお礼の言葉ひとつなかった、といって腹を立てるのはよく考えればおかしな話です。

もちろん感謝をされれば、いいことをしてよかったと思えます。でも、それは**相手からの見返りを期待していたからではない**はずです。自分が手を差し伸べたかったから声をかけてみた、それが一番大事なのです。

そう考えれば、「喜ぶ顔が見たかったから」といってプレゼントを買うのも自己満足のような気がします。

喜んでもらえなかったからといって**不機嫌になってしまうのは、自分の好意を自ら台なしにしてしまうことになる**ということを忘れないでください。

230

# いちばん苦しいときは、出口が近いという合図

1日で最も気温が低い時間帯は、今まさに朝日が昇ろうとしている直前です。夜の寒さの上にさらに冷気がかぶさって、とくに真冬の空気は凍えるようです。

しかし、そのあとには必ず朝日が昇ってきて、陽の光が大地をあたためてくれます。同じように、**一番つらいときというのは、もうすぐ出口が見えてくるという合図**でもあるのです。

「つらくて何もかも放り出したい」という考えが頭をよぎったとき、本当に投げ出してしまったら、たしかに一時期は楽にはなりますが朝日を見ることはできません。

ずっと先の闇の中から一筋の暖かい光が漏れているのをイメージして、もう少しだけがんばってみることです。

231

# 型破りになる前にきっちりと型を身につける

常識では考えられないことをやってのけたり、編み出したりする**型破りな人間というのは見ていてかっこいい**ものです。

しかし、そうした並外れた人になるためには、基本の「型」をきちんと身につけなければなりません。常識破りも、きちんと常識が身についている人がやるからこそ〝常識〟になるのです。

型も常識も身についていないのに、枠からはみ出したことをするのはただの滅茶苦茶。**本気でかっこよくなりたいなら、まずは黙って王道を極めること**です。

232

# 20年仕事をしたらそろそろ後半の人生について考えてみる

学校を卒業して20年くらい仕事をしていると、だいたい40歳前後になっています。

**40歳というと今の日本では健康寿命の約半分、人生の折り返し地点**でもあります。

そう考えると、あと40年をどう生きるかはけっこう大きなテーマです。このまま行き当たりばったりのノープランでいいという人もいれば、やり残したことがないようにあれもこれもやってみたいという人もいるでしょう。

いずれにしても、**後半戦は身体が衰えていくぶん、精神的なタフネスが人生を充実させるカギになります**。

233

# 自分には、家族が食べていけるようにする責任があると考える

家事も育児も夫婦で分担し、生活費も半分ずつ負担する。そんな風潮の社会では、**男が働いて一家を養っていくなどというのは時代錯誤**といわれるかもしれません。

しかし、人生をかけるくらい仕事をしたいなら、自分には家族を食べていけるようにする責任があると考えるのもひとつの方法です。

それくらいの気迫と度量をもって仕事に取り組むのです。

234

# 物怖じせずに他人と向き合うのに、〝情報武装〟は欠かせない

仕事でどんな人と会っても、**物怖じせずにつき合っていくには〝情報武装〟をすることです。**

まだ若くて仕事の経験が浅くても、今世の中で起きていることをだいたい把握しておけば、どんな人とでも会話は成り立ちます。

そのために**必要なことは、毎日、新聞を読むこと**です。見出しだけでもザッと目を通せば、すべての年代の人とコミュニケーションをとることができます。

235

## 強く実現を願う夢があれば、弱い自分を止められる

人間はそれが犯罪だとわかっていても、誘惑に勝てずに罪を犯すことがあります。でもなかには、同じ入口に立っていても、そこから先に進まずに引き返せる人もいます。

その人は、「なぜ引き返せたのか？」という問いに「夢があったから」と答えました。

人生の多くのことは失敗してもやり直せますが、なかには**やり直しができないこともあります**。弱い自分を制するためには、強く実現を願う夢を持つことです。

236

# 平凡でつまらない自分から、まずは脱却する

自分は平凡でつまらない人間だと自認している人は、一度、人と違ったことを思いきりやってみましょう。

週末は呑みに行くのではなく句会に参加するとか、休日は朝5時に起きて素振りをする、男性が日本舞踊やバレエを習うのも、いいかもしれません。

こういうあまり**人がやらないことをすれば、確実に、他人のあなたを見る目が違ってきます**。

一度思いっきりはみ出してみたら、その気持ちのよさに気づくでしょう。

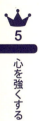

237

# 大事な勝負は本能のおもむくままに挑戦する

大事な勝負に打って出るときには、期待や興奮でわくわくするものです。それは、**「挑戦には受けて立つ」**という気概からくるものです。

いくら怖気づいていても大丈夫。勝負が始まれば、そのもって生まれた〝本能〟がむくむくと湧き出します。まずは、**勇気をもって勝負に挑む**ことです。

238

# ほどほどではなく、あくまで勝負するのがキホン

必死でがんばるサラリーマンなどもはや昭和の生き物で、自分たちは何でもほどほどがいい、なんて思っていませんか？

望むと望まざるに関係なく、**ビジネスパーソンになった時点であなたは勝つか負けるかの競争社会に放り込まれている**のです。

がんばって勝負して、負けたら〝そこそこ〟。勝負を放棄した時点で負けです。

239

# 人といいつき合いをしたかったら生身の自分をさらけ出す

**人から愛されている人ほど、「自分は臆病な人間だから…」などと、生身の自分をさらけ出すもの**です。

逆に、自分をさらけ出せない人は、そんな自分を隠そうと一生懸命武装するものだから、ますますどんな人なのかわからなくなってきます。

どんな人なのかわからない人と、深くつき合おうとする人はいません。**いいつき合いは、自分をさらけ出すことから始まる**のです。

# 6

# タフに生き抜く

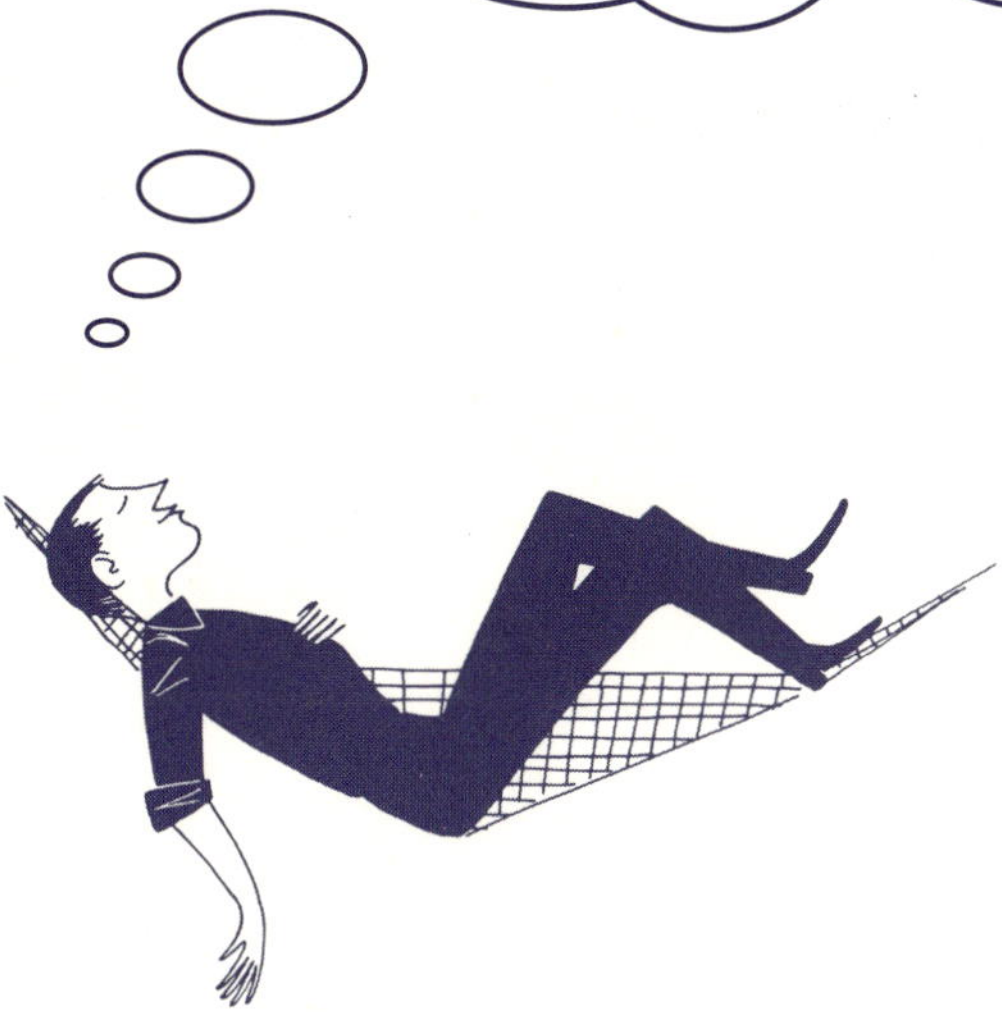

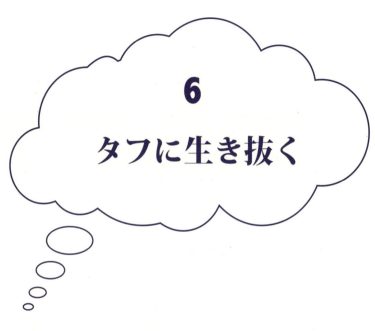

240

# 小さなイメージチェンジで印象は大きく変わる

気が弱そうに見られるから少し強そうに見せたいとか、よく冷たそうな感じだといわれるのをどうにかしたいなどという**第一印象に関する悩みは、小さなイメージチェンジで解消**できます。

たとえば、着ている服の色やトーンを変えてみたり、メガネの形やフレームの素材を変えてみる。たったこれだけの**さりげない見た目の変化で第一印象を大きく変えることができる**のです。

ポイントは**ムリをしすぎないこと**。「ちょっと雰囲気変わりましたね」といわれるくらいの変化にとどめておくのがコツです。

241

# 傷つけないために、ウソのつき方を知っておく

ウソをつくのはいいことではありませんが、相手を傷つけたり悲しませたりしないために、どうしてもウソをつかなければならないこともあるでしょう。

そんなウソを見破られないためには、**しっかりと相手の目を見て話すこと**です。たいていの人は、後ろめたさから視線をそらすからです。

そして、**そわそわと手を動かしたり、鼻や口元を触わらない**こと。というのも、これはウソをつくときの典型的なしぐさだからです。

たとえ本当のことを言っているような口ぶりで話をしても、目線やしぐさまで意識しなければウソも方便にはなりません。

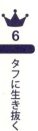

242

# 自分を応援すれば、感情をコントロールできる

怒りには強烈なパワーがあります。これを無理矢理抑え込むのは、心身にとってよくない場合もあります。また、失敗して落ち込んでしまったときに、その気持ちをいつまでも引きずるのもよくありません。

怒りがおさまらないときには、**「こんな状況なら自分が怒るのはもっともだ」**と自分のことを認めてあげてください。いわば、自分のことを自分で応援するのです。

落ち込んでいるときにも同じように、**逃げ出さずに何とか手を打とうと考えている自分をとにかくほめてあげる**のです。

**心のスイッチを切り替えることで自分の感情をコントロールする**ことができるようになれば、一皮むけた大人になれるはずです。

# 243 あおむけに寝て目をつむり、お腹に両手を置いてみよう

「早く眠らなければ…」とあせればあせるほど、眠れなくなったりするものです。これは眠ろうということばかりを考えているために気分が高揚してきて、**興奮状態になってしまう**からです。

そんなときは、あおむけに寝たままでお腹の上に両手を置いてみてください。呼吸に合わせてお腹がへこんだり膨らんだりしているのを感じてみてほしいのです。すると副交感神経が活発になって、それまで**興奮していたのが落ち着きを取り戻してすんなり眠れる**ようになります。

眠れないのに一生懸命に眠ろうとあせることが睡眠の一番の大敵になるのです。

244

# ネガティブな感情を数字に置き換えて可視化する

どうにも鎮めることのできない怒りや憎しみを抱えたときは、**ネガティブな感情を百分率に置き換え**てみることです。

たとえば、今自分はマックスの怒りを抱えていると感じるのなら100パーセントと書き出してみます。そして、怒りや憎しみのもととなった出来事と向き合ってみます。何が自分をこれほどまでに怒らせているのかを考えてみるのです。

そうしてから、もう一度気持ちを数字に置き換えてみると、最初に比べて少し小さくなっているのではないでしょうか。これは、**自分の身に降りかかった出来事を冷静に振り返る**ことができたためです。感情を可視化することによって、傷ついた心を修復して回復させる方法もあるのです。

245

# 相手とお近づきになるには、まず会う、すぐ会う、何度も会う

外見がモテるための大きな要素というのはたしかにそうでしょう。

しかし、外見はともかく、女性の心をつかむのがうまい男性がいます。そんな彼らに**共通しているのは〝マメ〟であるということ**です。

たとえば、心理学に**「単純接触」**という原理がありますが、**会う回数が多いほど、好意的な感情が芽生えやすい**というものです。

頻繁に接する機会を増やしていくことで、相手にとっての〝気になる存在〟になることができるのです。

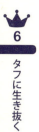

246

# 意識して感情を表に出すようにしてみよう

人は「静」よりも「動」に興味をもちます。

だから、いつも優しく微笑んでいる人よりも、**怒ったり、笑ったり、悲しんだり泣いたりと感情表現が豊かな人**のほうに人間的な魅力を感じます。

一方、ふだんは無表情な人が**本気で笑ったり悲しんだりしている姿は、人の心に訴えかける**ものがあります。

自分は魅力に欠けるのではと自信を失っている人は、こうしたギャップをちょっと意識してみてください。

247

# メールのやりとりに、気を遣いすぎてはいけない

さほど重要でもないメールへの返信が続いていて、うっとうしいと感じながらも自分から終わらせることができない…。そんな人が増えています。

ということは、**相手も延々と続くメールの返信をいつやめようかと悩んでいる**ことは容易に想像できます。

そこで、思い切って自分から返信するのをやめてみませんか。「**返信がこなくなってよかったと感じているはずだ。今ごろは自由に時間を使っているにちがいない**」と自分の都合のいいように想像してみてください。

そう考えるだけで心がぐっと楽になりませんか。

248

# お腹の底から湧きあがる怒りこそ、人生を変えるターニングポイント

人はとかく言いたいことをいうものです。だから、何を言われたからといっていちいち気にしてもしかたのないことです。ましてやそれを根にもつことに意味はありません。

しかし、なかには腹を立てたほうがいい場合もあります。たとえば、自分のやった仕事を先輩が横どりして自分の手柄にしたというような場合です。

こんなときこそ、怒ることを忘れてはいけません。「絶対にあの先輩よりもいい仕事をして見返してやる！」という怒りはむしろ、自分を成長させるバネになります。

**じわじわと、腹の底から湧きあがる怒りこそが人生を変えるターニングポイント**だったりするのです。

249

# 〝親しくなりたい信号〟を発信するのを忘れてはいけない

初対面では何を話していいのかわからないという人は、まず**「あなたと親しくなりたい」という〝信号〟を発信する**ことから始めましょう。

その信号とは、**相手が口にした言葉を復唱したり、話し方のペースを合わせる**ことです。

たとえば「きのう、深夜まで残業しましてね」ときたら、「そうですか、遅くまで残業されたんですね」と返します。その人がゆっくりと話す人なら、できるだけそのペースに合わせるのです。

それによって**「自分の話をきちんと聞いてくれている人」**という認識を相手に植えつけるのです。

250

# あせりを感じるときこそ、成長が見込めるチャンス

自分は「出世が遅いのではないか」とか「結婚できないのではないか」などとあせる気持ちというのは、他人と比較して自分が劣っていると感じたときに表れます。

でも、あせったり心がはやるのはけっして悪いことではありません。**あせるということは、それだけ自分の人生を真剣に考えているということ**です。

もしもそれをまったく感じなかったら、競争心も芽生えないばかりか充実感も得ることができません。ただ毎日を漠然と生きることになるでしょう。

**あせりを感じるときこそ、人間的な成長を見込めるチャンス**なのです。

251

# 100人の顔見知りより、2、3人の信頼できる友をもつ

誰からもいい人だと思われたいと思うとストレスが溜まるものです。それは他者とのぶつかり合いを避けるために、**自分の意見や感情を押し殺してしまう**からです。

同じように、「いい人になろう」「誰からも好かれる人になろう」と考えるほど、人間はより孤独に陥ります。

100人の顔見知りをもつより、たとえ**2、3人からでも深く信頼されたほうが人生ははるかに豊かになる**のです。

252

# 関係に亀裂が入ったら、無理に修復せず、いったんペンディングする

対人関係においてマイナスの感情をもつようになると、心がひどく疲れるようになります。どうしてもソリの合わない上司や気に入らない同僚、常識知らずの部下など、職場だけでも悩みの種はごろごろ転がっているものです。

このような人間関係は無理に修復しようとせずに、とりあえず**ペンディングにすることで相手への関心を薄める**ことができます。

先送りはけっして悪いことではありません。消えることのない負の感情を少しでも小さくするためのモラトリアムなのです。

253

# 困ったときは、ファミリア・ストレンジャーが頼れる

ＳＮＳで何人とつながっているかとか、スマホに登録されているメールアドレスや電話番号の件数を自慢する人がいます。

そんな輩《やから》に対して、自分はそれほど多くの人とつながっていないからと悲観することはありません。むしろ、**毎日道端ですれ違う顔なじみの人のほうが、ふとした拍子に距離が近くなる可能性がある**のです。

アメリカの社会心理学者ミルグラムは、このような相手を「ファミリア・ストレンジャー」と呼び、その意義や重要性を提唱しています。

こうした彼らのことを〝他人以上・知人未満〟と自分の中で位置づけると、なんとなく**千人の味方を得たような気になってきませんか**。

254

# やりたいことは、片っ端から手帳につけておく

寝ているときに見た夢は、よほど強烈なものでない限りすぐに忘れてしまいます。将来の夢も同じように、毎日の生活に忙殺されて、いつの間にか忘れてしまうものです。

これから叶えたい**夢や希望を忘れないためには、やりたいことを片っ端から手帳につけておくこと**です。

「やりたいこと」を書き出し、それを常に眺めていると、その意識はいつしか当たり前の感情となり、頭の中ではそれを叶える術を見つけようと動き出します。

そうすれば、**自分の人生を自分でコントロールできるようになり、夢はやがて現実のもの**となるのです。

## 255

# 「どうせ」という口癖をあえてポジティブに使う

「どうせ間に合わない」とか「どうせ出世できない」など、「どうせ」という言葉は、それを耳にした人にネガティブな印象を与えるだけでなく、自分の心も後ろ向きにしてしまいます。

しかし、これをツイていないときに使ってみると不思議なことに**「どうせ、こんな状況も今だけのことだ」とか、「どうせ、やればすぐ終わることだ」などと前向きなフレーズ**に変わらないでしょうか。

すると、それにつられていままで沈んでいた気持ちも１８０度方向転換します。投げやりになりそうなときこそ、「どうせ」を使ってみませんか。

256

# 楽しくふるまうから、本当に楽しいことが起きる

自信を失って怖気づいてしまうと、本来もっている力さえ発揮できなくなってしまいます。そんなときは**「ピグマリオン効果」**の力を借りるのがおススメです。

ピグマリオン効果とは、「こうなって欲しい」と強く期待すると相手がそのように動くという法則です。これを応用して、「自分ならできる!」と自分自身に強く自己暗示をかけるのです。

**「楽しそうに振る舞っていると、いつか本当に楽しくなる」**というのはカーネギーの名言です。自己暗示の力は、あなどれないものがあるのです。

257

# 自分にダメ出しすると、理想の自分に近づける

人からどう見えているかを気にするあまり、「自分がどうありたいか」ということを忘れてしまうことがあります。

理想の自分に近づきたいのなら、**自分に思い切りダメ出し**をしてみましょう。とことん欠点を洗い出すことで、こうなりたいという本来の姿が見えてくるはずです。

ゲーテは**「現実を直視する心に、本当の理想は生まれる」**と言いました。まず、ありのままの自分を分析することが理想へ旅立つ第一歩なのです。

258

# みんなの意見が常に正しいとは限らない

大勢の中で自分だけが違った意見をもっているとき、それが絶対に正しいという確信があるならおいそれと曲げるべきではありません。

大多数の意見は数の力に頼ってとおってしまうものですが、それが**常に正しいとは限らない**のです。

「経済学の巨人」と評されたガルブレイスの**「経済学の世界では、決まって多数派が間違える」**は現代でも立派に生きています。信念と経験から導き出した意見なら、けっして曲げない強さが必要なのです。

## 259

# 「つらい…」ときは、ネガティブな感情を全部出す

人間は呼吸をして生きています。息をすることなど当たり前すぎてふだんは意識していないでしょう。ところが、人は**穏やかな気持ちになってリラックスしているときは自然と深い呼吸をしている**のです。

山や草原など木々の緑の中に我が身を置くと、自然に深呼吸をしていませんか。大海原を眺めたときもそうです。潮の香りを胸いっぱいに吸い込んでいませんか。

もし今、**つらいと感じているなら、その場で深呼吸**をしてみてください。心も体も安定してきて、**ネガティブな感情が吐き出されてリラックス**するはずです。

260

# 変化するのが当たり前、と考える

結婚という大きな変化を前にすると、ポジティブな変化であるにもかかわらず、不安を感じる人はたくさんいます。あるいは、身内や愛する人が死んだときに受けるストレスには計り知れないものがあります。

こうしていい変化も悪い変化もストレスになるのは、**その先どうなるのかがわからないから不安に感じてしまう**のです。

しかし、どんな変化も人間が生きていくうえで避けてとおることはできません。

そうやって今まで生きてきたのですから、**変化を恐れることはない**のです。

261

# 傷ついた弱い自分を認めれば、強い自分が生まれる

誰でも心に大きなダメージを負った経験は一度や二度はあるはずです。その〝後遺症〟を最小限に抑えて立ち直るには、**「自分が傷ついていること」を自覚する**ことが重要です。

たとえば、酒やギャンブルに走るのは典型的な逃避行動ですが、これはかえって傷を深める結果につながりかねません。それらが逃避行動だと自覚していれば、**深入りせずに理性的に行動する**ことができるはずです。

「私たちの強さは弱さから生まれる」との哲学者エマーソンの言葉どおり、傷ついた**弱い自分を認めることが自分を強くしてくれる**のです。

262

# 成長したければ、「欲求」をもち続ける

欲をもつことはあまりほめられたことではないというのがおおかたの考え方ではないでしょうか。あれこれと望むのは欲張りなようで、気が引けるものです。

しかし、成長したいと願うなら**欲求をもち続ける**ことが早道です。

心理学者マズローは**「欲求５段階説」**を唱えています。人間の欲求は５段階に分けられ、１つの階層の欲求が満たされると、また次の欲求が生まれます。

第１段階から第４段階までは基本的欲求で、それがすべて満たされたとき、第５段階の**「人間として成長したいという自己実現欲求」が生まれる**のです。

井原西鶴も「人間は欲に手足のついたもの」といっています。人生が欲と道づれというならば、それを上手に生かす方法を考えたほうが得策です。

263

# 常識を疑うところから次の時代の真実が生まれる

**「コペルニクス的転回」**とは天動説が主流の時代に地動説を唱えたコペルニクスになぞらえ、それまでの常識が180度変わってしまうことを意味しています。

たとえば、あとに引けないような瀬戸際では、思いきって開き直った人が勝負強かったりします。そう思うと、この「コペルニクス的転回」は開き直りに一役買ってくれそうな気がします。

それまでの**常識を疑い、自分のやり方で突破する。常識はあくまで多数が支持しているというだけで、けっして正解ではない**のだと自分を勇気づけましょう。

264

# 最後に「踏み込む力」が、幸運を引き寄せる

**いいイメージをもつのはポジティブ思考の基本**ですが、たいていの人は〝踏み込み〟が足りません。「お金持ちになりたい」ときは「お金持ちになった自分」の姿をイメージするのではなく、それを前提として**「お金持ちになるために必要な〇〇」を願う**のが正解です。

たとえば、〇〇が高所得を得る仕事だとしましょう。世の中にはお金を恵んでくれる人はいませんが、高所得の仕事につながる人はたくさんいると考えたらどうでしょうか。

ここまで願ってはじめて、**金運を引き寄せる**ことができるのです。

265

# 自分で動かなければ、最後まで「いつか」はやってこない

**夢はあるけど実現する気がしない**。こんなあきらめの言葉を口にする人に共通して欠けているものがあります。それは、具体性です。

たとえば、夢を登山にたとえるなら、難しい山の登頂に成功している人は、けっして天才的な登山家ばかりではありません。どちらかといえば、**山を登るための靴を買いに行く**ことに躊躇しない人なのです。

「いつか夢を叶える」といっても、**動かなければ「いつか」はやってきません**。

いつか、が決まったらそれをすぐに手帳に書き込んで、はじめてその夢は始まるのです。

266

# 小さなことから練習してフットワークを軽くする

腰が重くて、思い立てどすぐには行動できない。だけど、このままではダメだと感じているのなら、まずは**小さなチャレンジから始めてみる**ことです。

テーブルにゴミがあったらすぐに捨てる、靴がそろえられていなかったらきちんとそろえる。そんな日常のちょっとしたことに気づいたときに、**見て見ぬふりをせずに「すぐにやる」と自分と約束をする**のです。

取るに足らない日常の習性ですが、思い立ったときにすぐやることの気持ちよさがわかるようになれば、もういてもたってもいられないようになります。

267

# プラスのパワーは貯めることができる

人の中に宿るパワーには、**プラスのパワーとマイナスのパワー**があります。

なかでも**マイナスのパワーは溜め込みやすい**ものです。心配性で行動を起こす前から悪いことが起こるのではないかとよけいなことを考えていたり、人の粗《あら》ばかりを探していると、着実にマイナスのパワーが溜まっていきます。

しかし、これでは「いいこと」が寄りつかなくなってしまいます。

**「いいこと」に恵まれたかったら、プラスのパワーをなるべく多く充電しておく**ことです。この力は、グチを言わない、人を思いやる、周囲を温かい目で見守る、身の回りを整えることなどで貯めることができます。

268

# ワクワクしない目標は立てても意味がない

「次の試験に向けて目標を立てなさい」と言われて、とりあえず「学年で○位までに入る」と目標を立てたとします。果たして、この目標に向かってやる気が出たり、情熱を燃やすことができるでしょうか。

**目標はワクワクできるもの**でないと長続きはしません。ましてや、それを達成させるには困難がともないます。

「医者になって人々の役に立ちたい」という夢があれば、成績を上げることにその意義と価値を見出せます。しかし、**夢もないのに先に目標ありきでは、人はどうあがいてもがんばることができない**のです。

今、あなたが抱いている目標の先にはそんなワクワク感がありますか？

269

# 「もう歳だから無理」ではなく「この歳だからこそ、今できる」

何でもかんでも「あきらめてはいけない」からとがんばることはありません。だからといって、**何でもかんでも年齢のせいにしてあきらめることは人生を楽しんでないことと同じ**です。

ある台湾人の男性は、75歳にして海外を旅し、90歳で病院のボランティアスタッフを始め、95歳で大学院に入って哲学を研究しました。

この男性は若くして成功して、悠々自適の暮らしをしていたわけではありません。40代のときは小学校の清掃員でした。

つくづく、**あきらめるなんてもったいない**と教えられます。

270

# 目標を口にするだけで、大きなパワーが背中を押してくれる

今、**目標があるなら、臆することなく口にしてみること**です。自分の心の中に大切にしまっておいたら何も変化は起こりませんが、それを言葉にしてみることで自分を取り巻く人たちに小さな変化を起こすことができます。

そしてそれを言い続けることで、その変化はやがて大きなエネルギーとなって目標へ向かってあなたの背中を押してくれるパワーになります。

初期のわずかな変化が思いがけない方向へ発展していくことを**「バタフライ効果」**といいます。**小さな蝶の羽ばたきも時間が経過すれば竜巻になります**。何が起こるのかは予測不可能なのです。

# 271
# 人から笑われるくらいの大きな目標を立ててみる

大きな目標を達成した人は、はじめのうちはたいてい**「夢みたいなこと言ってるんじゃない！」と人から笑われたり、バカにされたりしている**ものです。

何しろ誰も想像しえないことをしようとするわけですから、他人が聞けば「ヘン」「おかしい」と思うのも当然です。しかし、そんな夢みたいことを考える人がいたからこそ便利な社会ができました。

**何か大きなことを成し遂げたいと思ったら、人から笑われることなど考えない**ことです。

272

# 自分を主人公にした映画をつくったら…と想像する

今まさに苦しさと闘っているという人はこう考えてみてください。**もし、今の自分を主人公にした映画をつくったらどうなるか**、と。

映画の中に登場するヒロインやヒーローは、さまざまな困難を乗り越えて力強く生きていくものです。それが人々の心を惹きつけてやまないのです。

ときには周囲の人たちを巻き込み、行く先々で助けてもらい、運も手伝って最後には勝者として生き残るのです。

**「自分の物語は絶対にハッピーエンドだ！」**と独りよがりになるのも悪くはありません。

273

# 自分のストーリーをハッピーエンドに書き換える

今までいいことなんてほとんどなかったと思う人ほど「だから、この先もいいことなんて起こらない」と結論づけてしまいがちです。

その一方的な**結論に納得してしまうのは暗示にかかっているのと同じこと**です。「子供のころから太っているから、これからもずっと太ったままだ」とか「今までモテたことがないから、一生独身のままだ」と信じ込んでしまうとそのとおりになってしまうのです。

この偏見を**変えるためには「今まではこうだったが、これからは違う」と、マイ・ストーリーを書き換える**ことです。

そうすれば、今までの自分を劇的に変えることも不可能ではないのです。

274

# 何事も始めてしまえば、半分終わったも同じ

気乗りがしない仕事を棚上げにしたところで、仕事は消えてなくなりません。いずれやらなければならないのなら、**やる気がどうのこうのと言う前に、とにかく手をつけてしまう**ことです。

**何事も、始めてしまえば半分終わったも同じ**といいます。嫌いな食べ物も、「えいっ！」とかじって一気に呑み込めば、半分くらいすぐなくなります。

とりあえず、だましだましでも**始めてみてください。あとは時間が解決**してくれます。

275

# 「強い雨ほど長くは続かない」と考える

仕事での致命的な失敗をしたり、大切な人と別れるなど、もう立ち直れないのではないかと思うような出来事は誰にでも起こり得るものです。

悲しみや苦しみの渦中にいるときは、「自分の人生もこれで終わりだ」という悲壮感に打ちひしがれてしまいます。まさに、「最悪の瞬間」といっていいでしょう。

しかし、老子がいうように**「強い雨ほど長くは続かない」**ものです。はじまりがあれば終わりがあるように、**「終わり」は「はじまりのはじまり」でもある**のです。人生が続く限り、新しいスタートを切ることができるのです。

276

# 自信がない時は あえて声を大きくする

声と自信は基本的に比例関係にあります。自信がない時には声も弱々しくボソボソとしたしゃべり方になり、自信がある時には声も大きく話すスピードも速くなります。

ですから、人前などで緊張している時には、**意識的に声を大きく出してみる**ことが大切です。

自信のある声で話されれば聞き手も安心して耳を傾けられます。ハキハキと話しているうちに**自信が溢れ、自然と緊張もほぐされてくる**ことでしょう。

277

# モチベーションを維持したいなら ルーティンワークに組み込む

習い事やダイエット、資格試験の勉強など何かを始めるのは簡単でも、それを継続するとなると難しいものです。

なかなか続かず三日坊主になってしまうというのなら、その**行動をルーティンワークに組み込んでしまう**といいでしょう。

たとえば英語を勉強すると決めたら、最低でも毎朝10分、ＣＤやラジオでリスニングをするとか英語の本を1ページだけ読むなど、日常の作業の中に組み込める程度の条件で実行するのです。

大切なのは**モチベーションを保ってゼロにしない**ことです。毎日少しずつでも繰り返すと、必ず大きな成果になって戻ってくるはずです。

278

# 逃げれば怖くなる 壁に直面したら笑ってみる

肝試しをしている最中に、悲鳴が上がったとたん、誰もが怖くなって逃げ出してしまうものです。

逃げるとなぜか怖さも倍増します。仕事や人生で壁にぶち当たったときもそれとおなじで、**逃げてばかりいるといつまでたっても恐怖心は克服できません**。

逆に、特別楽しいことでなくても、笑うとなぜか楽しくなります。**苦手なことに直面したときは、無理やりにでも笑ってやってみる**ことです。そうすれば、いつの間にか苦手意識は克服できます。

279

# パニックになったら第三者の目で眺めよ

思いがけないトラブルが起きた時などに、動揺してしまい事態をさらに悪化させる人と、落ち着きながら適切な処理をできる人がいます。その違いは**物事を引いたところから見られるかどうか**にあります。

トラブルが起こった時には、**まず呼吸を整えて気持ちを落ち着かせ**、それから自分が今どんな状況にあるのか眺めてみることです。

たとえパニックになっていても、**第三者の気持ちになって外側から事態を眺めて**みれば、冷静に問題の対処に当たることができます。

280

## 机上の空論より まず現場

以前、「柔道1級を持ってます、通信教育ですけど」というお笑いのネタがありましたが、今は実際にやってみるよりインターネットやテレビで見て、「行ったつもり」「知っているつもり」になっている人が多いのではないでしょうか。

仕事でも、机に向かって改善策を練っていても、本当に効果があるかどうかなどわかりません。それに、**机の上で考えているとどうしても不安になるので、いい案など浮かぶはずもない**のです。

一人で悩んでいるくらいなら、**現場に行ってみたほうがいくらでも解決策は見えてくる**ものです。現代人は、もっと体を動かすべきです。

281

# 重要性や締め切りよりも好き嫌いで物事を判断する

やることに優先順位をつける必要があるとき、その基準は重要性や締め切りによって決めてしまいがちです。社会人としては正しい判断ですが、幸せを追求するという観点から見ると必ずしも正しいとはいえません。

**重要度が高いことが、やりたいことだとは限らない**からです。

ときには自分が大好きなものという尺度で物事を判断してみてはどうでしょう。好きなことをやれば、やる気が出るのはもちろんのこと、充実した時間を過ごすことができます。**好きこそものの上手なれ**、に勝るものはないのです。

282

# 落ち込んでいる時こそ人助けをしてみる

人と人の関係性は、昔に比べればずいぶんと希薄になったといわれています。物騒な事件も多く、どちらかといえば触らぬ神に祟りなしという人も多いのではないでしょうか。

こういう時こそ、率先して人助けできる人になりたいものです。なぜなら、**人を助けるということには、ほかでは得られない「喜び」がある**からです。

人は心のどこかで他人に感謝される喜びや社会に貢献する喜びを望んでいます。**こんな自分でも役に立てるという思いが、ひいては心の充足につながる**のです。

# 7

# 自分を活かす

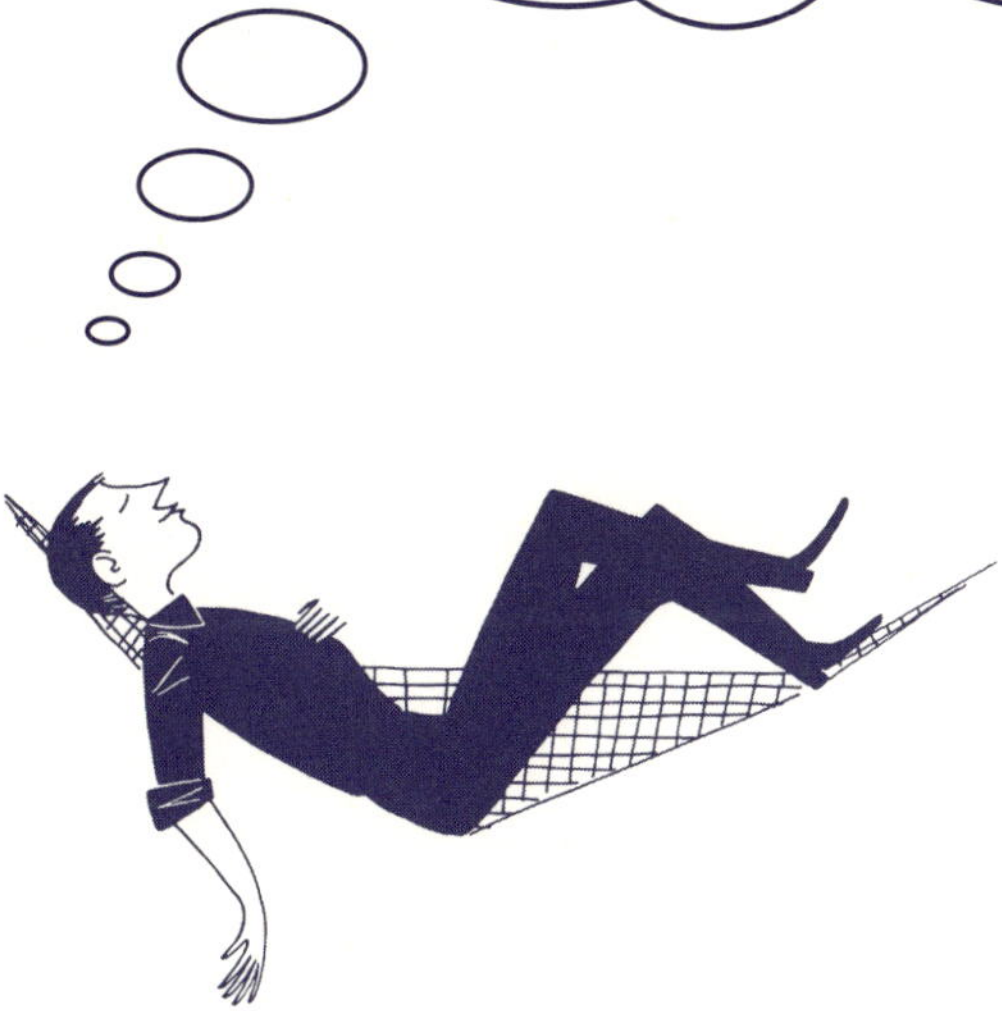

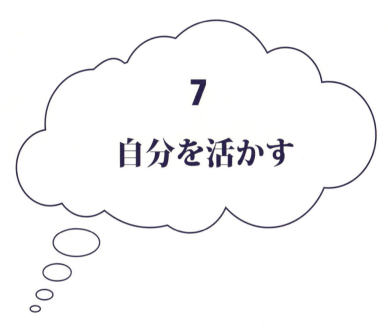

283

# 相手への不満は、じつは、自分への不満なのかもしれない

長くつき合っていると、自分の恋人よりもまわりの異性のほうが魅力的に見えてくることがあります。その原因は、**自分自身への不満の表れ**かもしれません。

たとえば、長年連れ添っている夫婦がだんだん似てくるように、恋人同士でも交際期間が長いと生活習慣や行動などが似てきたりするものです。

つまり、**自分が隠しておきたい部分がまるで鏡を見るように相手に見えてしまう**ために不満が溜まってしまうのです。憎しみが映ればそれは自分にそのまま返り、微笑めば相手もそれを返してくれるのです。

思い当たるフシがあるなら、相手を責める前に鏡の前で自分自身とよく向き合ってみてください。

## 284 「自己びいき」では、結局うまくいかないもの

誰でも自分はかわいいものです。できればすごいとほめられたいし、尊敬もされたい。しかし、自己びいきが強すぎると一転してはた迷惑な人になってしまいます。

自己びいきが強い人というのは、**誰かと協力して成功したことは「自分のおかげ」で、失敗してしまったら「あいつのせい」**にします。これでは人の上に立つことはできません。

**「己立たんと欲すれば人を立たす」**という孔子の言葉のとおり、**自分が成功したいと思ったらまずは自分の周りにいる人を立てる**ことを考えるべきです。

285

# 相手の欠点を受け入れて、一緒に補って成功する

一度に複数の異性とつき合う人は、浮気症である一方で、**異性に対する要求水準が高い**人であるともいえます。相手に求める理想が高く、現状に満足できないとついほかの異性にも目がいってしまうのです。

でも、100パーセント理想の異性にめぐり合えることなどなかなかありません。たとえ最初は理想の相手に思えたとしても、共に過ごす時間が増えるうちに〝あら〟が見えてきて、いつしか「何か違う…」と感じてくるものです。

じつは、そんなときこそ**自分が成長できるチャンス**です。相手の欠点を受け入れることで寛容さが養われ、**相手の足りない部分を一緒に補っていくことで自分にはなかったものを学ぶ**こともできるからです。

286

# 傷つきたくない人は「対象愛」をもつといい

思い立ったときに始められないのは、単に面倒なのではなく、**思いどおりの結果が出ないことを恐れているせい**かもしれません。

失敗するのが怖いから、今さら叶いっこないなどと決めつけて行動しない理由にしているのです。

傷つきたくないという心理は**「自己愛」**の働きによるものです。フロイトの精神分析によると、**自己愛とは自分のことばかり考えている成長途中の状態で、他人を愛する「対象愛」をもつことで完全に成熟した大人になれる**のだといいます。

守るべきものをもつと強くなるのは、その対象愛に満ちているからなのかもしれません。

287

# 「完璧主義者」を見習って、自分の不完全さを許す

完璧主義者というと、何事も完璧を目指すと思うかもしれません。

ところが実際の完璧主義者は、部屋の中や机の上が散らかっていたり、約束の時間を守れなかったりします。

これは、**「中途半端にしか片づけられないのならば、散らかったままでいい」、「完璧にできないのならば、はじめから何もしないほうがいい」という極端な考え**が働いてしまうからです。

そこまで完璧さを求めていない周囲の人からすればかなり迷惑な話でもありますが、ときには彼らを見習って「そこそこでもＯＫ」と**自分の〝不完全さ〟を許す**のも悪くはありません。

288

# 空気を読めないほうが、「大きいこと」を成し遂げられる

日本人は人の和を大切にするせいか、その場にそぐわない調子っぱずれなことを言うと「場の空気を感じろ」などと怒られたりします。そんな人にとって、空気を読める人というのは、それだけで大人のように感じます。

しかし、空気が読めるというのも善し悪しで、**読み過ぎると安定志向にはまってしまい、自分の意見を強く主張できなく**なります。何をやらせても現状維持、もしくはマイナーチェンジくらいの変化しか起こせず、その結果、**器が小さいなどと評価されてしまう**のです。

安定志向の人には仕事に革命を起こすことができません。できるのは、案外空気の読めないタイプだったりするのです。

289

# 〝ウサギタイプ〟は自分のコンプレックスを見つめ直す

自分は締め切りが迫らないと仕事にとりかかれないと公言している人は多いものです。童話の『ウサギとカメ』でいえば、ウサギタイプです。

おしりに火がついてから一気に仕上げる。いかにも自信がありそうに思えますが、そんな**自信ありげな言動とは裏腹に、じつは仕事に自信が持てない**のもこのタイプだったりするのです。一方、カメタイプは地道に毎日やるべきことをこなしていくので、確実な仕事をします。コツコツと仕事ができないウサギタイプにとっては、どこかで**カメタイプに対してコンプレックスを抱いてしまう**わけです。

ウサギが簡単にカメになることはできませんが、自分が納得できる仕事をするためにも、メンタリティの弱さを鍛える努力をしたいものです。

290

# ちょっとした不満が〝負のスパイラル〟を呼び込む

ストレス解消になるグチもありますが、**度が過ぎて、いったんマイナス思考に入り込んでしまうと抜け出せなくなる**恐れがあります。

人間の行動は思考や感情に左右されます。人生の岐路に立ったとき、プラスの感情をもっていると本能的にうまくいく道を選ぼうとしますが、それが**マイナス思考になるとあえて失敗するほうを選んでしまう**から不思議です。

先々で後悔しないためにも、グチや不満で盛り上がるのはほどほどにしておいたほうがいいでしょう。

291

# 常に誰かと一緒にいたい人は、自分の心と向き合ってみよう

よくひと目惚れしてしまう人は、じつは惚れやすいというよりも心配性です。心配性の人というのは、**自分の未来に何が起こるのか心配でたまらない**ので、いつも誰かと一緒にいたいと思っています。だから、ひと目会ったその日からでも異性を好きになれます。**〝誰かと一緒にいたいモード〟**が、常にオンになっているのです。

ところが、世の中の人すべてが恋人といつも一緒にいたいと思っているわけではありません。ときには自分ひとりの時間を大切にしたいと考える人も多いものです。

しかし、心配性の人にとっては一緒にいられないなら離れたほうがいいなどと、無意識にほかの人を求めてしまいます。だから、心配性の人は惚れやすいのです。

292

# 「高価なプレゼント」に心をとらわれてはいけない

誕生日やクリスマスにプレゼントを買うとき、お金に余裕がなくてもがんばって**高価なものを選ぶという人は、相手の自分に対する愛情に自信が持てない**のかもしれません。

そもそも愛情は目には見えないものだし、測れるものでもないので、相手が自分のことをどれくらい思ってくれているのかを知るのは難しいものです。そこで、人はモノや行動といった**形のあるもので愛の大きさを表現しようとする**のです。

高価でないものを贈るとヘソを曲げられるのではなどと不安に感じているなら、その人はあなたのことを本当には幸せにしてくれない相手かもしれません。

293

# よくしゃべるタイプは、対人関係で失敗しないよう気をつける

よくしゃべる人は、じつは議論をしていても**相手に説得されやすかったり、気をつけないと詐欺などにひっかかりやすいタイプ**でもあります。

おしゃべりな性格は、依存心が強く、大人になっても人から愛されたいと強く望む傾向があるといわれます。

そのため、**自分に優しくしてくれる人に対してはとことん弱く、その人の意見には簡単に従ってしまう**のです。優しくされたり、おだてられたりしているうちに、相手の口車に乗って怪しい話に引っかかったりすることもあります。

優しくすり寄ってくる人には、何か裏があるのではと勘ぐるくらいのほうがちょうどいいのかもしれません。

294

# 相手の印象に残すには、イメージを一緒に伝えればいい

一生懸命話をしているのに、「結局、何が言いたかったのかわからない」と言われては身も蓋もありません。話の中身が印象に残らない理由はさまざまですが、ひとつには**「イメージさせる材料が足りない」**ことがあるかもしれません。

たとえば、「このセーターは品質がいい」というよりも、「このセーターには、ヒマラヤ産のカシミアの毛糸が使われていてとても温かい」と説明すれば、そのセーターのよさを具体的にイメージすることができます。

奇をてらった言葉を使う必要はありません。**言葉と一緒にイメージをしやすい材料を伝えるだけで、強く印象づけることができる**のです。

295

# 強い印象を残したいなら、変化をつけてリピートする

いくら覚えてほしくても、同じことを繰り返すだけでは飽きられてしまい、かえって印象が悪くなってしまいます。

心理学の実験によれば、**人の記憶は同じ言葉やイメージを繰り返すより、変化をつけてリピートしたほうが強化される**のです。

テレビのコマーシャルを見ても、同じ商品のＣＭが少しずつ表現を変えて流されています。**表現や言葉の順番を変えるだけでも印象はずいぶん変わり、より強く印象づけることができる**のです。

296

# 人は、何気ないひと言に強く反発する

たとえ「やらなくちゃ」と思っていたことでも、誰かに「やりなさい」と言われるとつい反発したくなるものです。

これは**「ブーメラン効果」**といって、外部から抑圧を受けそうになったときに危機意識が働いて反発心が芽生えてしまうからです。

誰にでもある深層心理ですから、**自分が何気なく言った言葉に強く反発されることがある**かもしれません。相手も十分わかっているはずのことはあえて指摘せず、様子見に徹したほうがうまくいくことが多いのです。

297

# 「前提暗示」のひと言で相手を自分に向かせることができる

「ご存じのように」とか「今さら言うまでもありませんが」というひと言から会話が始まると、**自分は知らないけれど世間のみんなは知っている話なのだ**と思えてしまいます。

これは**「前提暗示」**によるもので、その情報があたかも常識であるかのような印象を与えて相手を誘導するテクニックなのです。

自分の話に集中してもらいたいときや、信ぴょう性を高めたいときなどに使ってみたいひと言です。

298

# 「理由」のない意見を鵜呑みにしてはいけない

弁が立つ人は、いつの間にか相手を自分のペースに巻き込んで納得させてしまうテクニックに長けています。巻き込まれないためには、相手の手の内を知っておかなければなりません。

そのテクニックのひとつが**「循環理論」**です。たとえば、「そこを通らなければならないので、通してください」といきなり言われたら、つい道を開けてしまうのではないでしょうか。

しかし、この言葉には何の「理由」も説明されていません。**前提と結論だけが繰り返されているだけ**なのです。

この調子で説得しようとするタイプには注意が必要です。

299

# 上手な頼み方をすれば、相手との関係はもっと深まる

頼み事を相手に快く引き受けてもらうためには、**「イーブン・ア・ペニー」**というテクニックを使ってみてください。最初にハードルを低くしておいて、相手に受け入れてもらいやすくするのです。

たとえば「話を聞いてください」ではなく「1分だけ話を聞いてください」と言えば、「それくらいならいいか」という譲歩を引き出すことができます。1回受け入れてもらえれば、その後も依頼を受けてもらいやすくなります。

頼りにされるのは嬉しいものです。**上手な頼み方をすれば相手との関係がより深まる**ことにもなるはずです。

# 300 みんなの意見が一致しているときこそ、落とし穴がある

満場一致で決まったことが、じつは正しくないことがあとからわかったとします。間違っていたのですから決定を覆せばいいはずなのですが、実際はかなり気の重い作業です。

これは**「心理的拘泥《こうでい》現象」**と呼ばれ、その結論がたとえ間違っていたと判明しても、**集団で決めた決定事項は覆せないという心理**に陥ってしまうのです。

そもそも人間は集団の中にいると判断が甘くなりやすくなる傾向があります。しかも、親密度が高いグループであるほど考え方に偏りが出てきます。

全員の意見が一致するようなときこそ、結論を疑ってみたほうがいいかもしれません。

301

# 真実をゆがめる集団エゴイズムに気をつける

集団心理とはときに恐ろしいものです。影響力の強い人の意見に流されて白いものも黒と言ってしまうように、真実をゆがめてしまうことがあるからです。

集団の中で偏見が拡張していくことを**「集団エゴイズム」**といいます。うわさ話や口コミには、この心理が働いていることがあります。

**「みんなが言っているから」という理由で同調したり、簡単にうわさ話を信じるのはとても危険**なことであると肝に銘じておきましょう。

302

# ほめるのではなく、あえて「けなす」ことで近づく手もある

異性によく思われたいからと、何でもかんでもほめちぎると逆にモテなくなってしまいます。

ある心理学の実験で、一緒にいる間ずっとほめられているよりも、**最初にけなされてから徐々にほめられていくほうが好印象に転じる**という結果が出たのです。

相手を傷つけるほどけなすのは論外ですが、**少し辛口のセリフから始めてみる**と、案外相手の心を惹きつけられるかもしれません。

303

# 「逃げないこと」を美徳にしてはいけない

目の前の困難から逃げ出すと、現実逃避だと批判されることがあります。もちろん、自分で蒔《ま》いた種なら刈り取るべきだし、社会人として課せられた責任をまっとうするのは当然のことです。

ですが、どんな難題だとしても、果たして逃げずに立ち向かうべきでしょうか。答えはノーです。

相手に果敢に立ち向かうよりも、**逃げることで救われる**ことは少なくありません。**理不尽なトラブルに出くわしたら逃げる**というのもひとつの選択肢です。「逃げるが勝ち」が結果として打開策になることもあるのです。

# 304 気の合わない相手とは、対立しない、でも合わせない

気の合わない相手とうまくつき合っていかなければいけないときは、まずは**「敵をよく知る」**ことから始めましょう。お互いの、いったいどこが合わないかをよく分析し、そのうえで攻略法を考えるのです。

たとえば、相手のおせっかいなところが気にくわないというのであれば、自分からおせっかいなことを言われないようにすればいいのです。あるいは、おせっかいを焼かれそうな気配がしたときは、**適当な理由をつけて席を立ってしまってもいい**でしょう。

そうすれば、たとえ気が合わなくても**表面上はうまくつき合っていく**ことができるはずです。

305

# 切りのいいところまでやらずに、あえて「いいところ」で止めておく

根気が続かないという人は、**盛り上がってきたところで休憩する**、という方法を試してみましょう。たとえば長編小説でも一番面白くなってきたページでひと区切りすれば、自然と続きが気になるものです。

これが、中だるみしてきたところで休んでしまうと、なかなか続きを読もうという気が起きません。

最高潮に達したところでひと息ついて**「続きを読みたい」という好奇心を刺激する**という方法は、集中力を高めるちょっとしたコツです。

306

# 答えに迷ったときこそ、直感に頼る

資格試験などで答えがまったくわからない問題が出ると、途端に頭が真っ白になってしまうことがあります。

もし、その問題が択一形式や○×式の問題であれば、とりあえず深呼吸をして心を落ち着かせ、あとは自分の直感を信じて答えを選ぶといいでしょう。

直感はそれまで培ってきた記憶から導き出されるものだといわれているので、あながち的外れでもないのです。

いずれにしろ、答えに見当もつかないわけですから、その問題にムダな時間をとられて残りの問題を解く時間がなくなるよりマシです。**「ダメもと」だと思って、ここは自分の直感を信じる**しかありません。

307

# 寝る時間も惜しんで問題に取り組めば、心はスッキリする

精神的に弱っているときというのは、なかなか寝つけなかったり、夜中に目を覚ましてしまったりするものです。

これは何か気になることや心配事があって、心を悩ませているためですが、その反面、日々の生活に**満足している人は寝つくのもあっという間**です。

そこで、どうしてもよく寝つけない日が続いたら、がんばって眠ろうとせずに**自分を悩ませている問題としっかり向き合ってみる**ことです。

寝る間を惜しんで**問題解決に当たれば心はスッキリ**します。睡眠不足も手伝って、ぐっすり眠れるようになるはずです。

308

# 相手の怒りをおさめてもらうには、「正面突破」が一番早い

ミスをしたときには、メールや電話を使って謝ることもできますが、しかし、相手の怒りを最小限に抑えたいなら**直接会って謝罪**をするのがベストです。

相手の目を見ながらひたすら詫びることで、**相手の怒りがおさまるのも早く**なります。その点、メールや電話だと誠意が伝わりにくく、相手の怒りがかえって増幅する恐れがあります。

一方的にナジられるのは誰でも嫌なものですが、**正面突破でその場に臨めば誠意は伝わります。**

309

# 実力のある人ほど威張らないものと心得る

プライドが高い人は、どうしても周囲に対して偉そうな態度をとるものです。しかし、相手が部下や目下であっても、ときには**丁寧に、下手に出たほうが得**なこともあります。

たとえば、「この仕事やっといて！」と偉そうに命令されると反発する人もいますが、「この仕事をお願いしたいんだけど」と懇願すればそれほど不快に感じないものです。

**「実るほど頭を垂れる稲穂かな」**ではありませんが、**実力のある人ほど謙虚**になるものです。

310

# 苦手な人が相手なら「リフレクティング」で乗り切る

苦手だけれどうまくつき合わなくてはいけない人と打ち合わせや接待で運悪く隣の席になってしまったときにはどう乗り切ればいいのでしょうか。

そういう場合は**「リフレクティング」という会話テクニックを駆使する**ことです。これは簡単にいうと「オウム返し」です。

「この酒、美味しいね」と言われれば「美味しいですね」と返せばいいし、「この前のプレゼンはイマイチだったな」と言われれば、「はい、イマイチでした。次はがんばります」と言えばいいのです。

これだとたったひと言で話を合わせることができるうえ、少なくとも相手に悪い印象は与えません。**一時の辛抱と思って乗り切る**こともできるはずです。

311

# 筋道をたてて考える習慣があれば、想定外のことにも対応できる

「日本全国にそば屋は何軒あるでしょうか」というような質問をされたとき、知らなければ答えようがないと思っていないでしょうか。

ここで役に立つのが「フェルミ推定」です。すでに知っている情報を手掛かりにして論理的に推論して答えを導く方法です。

たとえば冒頭の質問であれば、自分の住んでいる街のそば屋の数と人口や面積などを基準にすれば、日本全国にまで広げて概算することができます。

ただのあてずっぽうとは違って**論理的な根拠がある**ため、回答不能に思えるような難問にも自信をもって答えることができるのです。

312

# 好印象を与える人は、相手のほめポイントを上手に探す

誰でもはじめて顔を合わせる相手との会話はぎこちなくなるものですが、あまりにも気まずい経験をしてしまうと、どこかで払拭しない限り苦手意識は強まる一方です。

雑談の手がかりが見つからないときの奥の手は、そのとき**目に入ったモノだけで「ほめる部分」を探す**ことです。

「オフィスがきれいですね」でも「名刺のデザインが個性的ですね」でも何でもいいですから、ほめ言葉をひとつ繰り出してやるのです。

**ほめられてイヤな気分になる人はまずいない**ので、そこで場の空気が和らいでいくはずです。

313

# 事実だけを受け止めれば、ムダに悩まなくなる

「○○は××だと言ってたけど、本心は違うのでは…」と、他人の言ったことをあれこれ詮索し始めるとキリがありません。

何しろ、本人に確かめなければ本当のところは何もわからないし、**いくらひとりで考えても、それは徒労**というものです。

しかも、たいていは悪いほう、悪いほうへととらえがちです。

**そこからの脱出方法はただひとつ、深読みするのをやめる**ことです。「あの人はこう言った」という、その事実だけを受け止めることにしましょう。

314

# 甘い誘惑に乗る前に、その「結末」をキッチリ考える

長い人生、一度や二度くらいは「ちょっとくらい、人の道を外れたことをしてもかまわないじゃないか」と、悪魔のささやきが聞こえてくることもあるでしょう。
そんな心の緩さにブレーキをかけてくれるのが**「善因善果」**と**「悪因悪果」**です。これは、**いい原因はいい結果を生み、悪い原因は悪い結果を引き起こす**という意味です。

今、ここで悪いとわかっていることをしてしまえば、必ずよくない結果が出ます。どんなに悪い結果になっても自分で受け止めて責任がとれるかどうか。甘い誘惑に乗る前によく考えてみることです。

315

# 嫌味を言いたいときこそ、思いやりの言葉をかける

虫の居所が悪いときによけいなことを言われると、嫌味のひとつでも返したくなるものです。でも、それを口にしたところで気持ちが晴れるわけでもありません。

そんなときは、嫌味を言いたい気持ちをグッと丸ごと飲み込んでみてください。

そして、「○○さんも大変ですね」などと**思いやりの言葉をかけてあげるのです。自分の気持ちがすっきり**としませんか。

何でも敵対するのではなく、**自分にとってプラスになるように心がければ、すべてはうまく回り出す**ようになります。

316

# 〝時間泥棒〟にまともにつき合ってはいけない

約束の時間に平気で30分遅れてくる人、ダラダラとした中味のない井戸端会議につき合わせる人…。そんな、**人の貴重な時間を盗む〝時間泥棒〟とは、できるだけつき合いたくない**ものです。

ただ、そうはいってても事情が許さないという場合は、**できるだけ会う時間を短縮する**ことです。

たとえば、約束の時間を守れない人には「時間になったら先に行く」と別行動をとることを告げたり、井戸端会議はさわりだけつき合って、連絡が必要であればできるだけメールですませるのです。

自分で対処しなければ、時間泥棒は何も察してはくれません。

317

# 認められたいなら、真剣に打ち込むしかない

他人から認められたいというのは、人間が生まれながらにしてもっている欲求です。だから、がんばっているのに認められないと不満はどんどん高まります。だからといって **"認めてほしいオーラ"** **を周囲に振りまくのはマイナス**です。

認めるとは「気づく」ということでもあります。ひとつのことに真剣に打ち込んでいたら、周りの人は自然とそれに気づきます。

認めてほしいという思いが大きくなればなるほど、それは邪心になってしまいます。人の評価を気にする前に、まずは**やるべきことに真剣に打ち込んでみる**ことです。

318

# 他人の成功には、心の底から祝福しよう

「ノーベル賞受賞！」「ワールドカップ優勝！」などという華々しいニュースが飛び込んできたとき、**素直に共鳴できている**でしょうか。

子供のころなら手放しに感動できたことでも、大人になってさまざまな〝事情〟に明るくなってくると、「あの人は特別だ」とか、「きっといろんなことを犠牲にしたんだろう」、「頂点をとったら最後、次が大変だ」などとどうしてもやっかんでしまいます。

**こうなると、まだ見ぬ自分の未来をワクワクしながら想像することなどとうていできなくなります**。そうなれば、待っているのはつまらなく味気ない明日です。

319

# 腹を決めて立ち向かえば、自分が成長する糧になる

難問が目の前に立ちふさがったとき、それを避けようとするのは当然の反応です。しかし、逃げ出すことがさらなる不運を生み出すこともあります。ここはひとつ、腹を決めて逃げずに立ち向かってみてください。

たとえば、好きではない人と仕事をしなければならないとしたら、その人と積極的にかかわることで相手のいい面が見えてくるかもしれません。そのことで意外な人間関係が広がり、それがやがて**自分を成長させてくれる糧になる**のです。

「人間の驚嘆すべき特質のひとつは、マイナスをプラスに変える能力である」（心理学者アルフレッド・アドラー）ように、**ピンチは努力しだいでチャンスに変えられる**のです。

320

# 価値観の違う人とのふれあいを楽しいと思えるのが大事

同じような年格好の友人と話していると、話題を比較的簡単に共有し合うことができます。しかし、ややもすると大海を知らない井の中の蛙になってしまう可能性もあります。

そこで、あえて**異なる年齢や異業種の人と交流を持てば、さまざまな価値観や考え方と触れあうことができます**。

世代間の感覚のずれはある意味**「文化の違い」**でもあるわけで、いろいろな世代や仕事をもつ人たちとつき合うことで、異文化交流もできるというわけです。

若いから、年上だからと敬遠して見聞を広める貴重なチャンスをみすみす見逃す手はありません。

321

# 周囲に流されがちな時は「自分」に置き換えてみる

周りの人たちとうまくやりたいと思うあまりに、自分を見失ってしまい、結果的に周囲に流されがちになることがあります。

では、どうすればいいかというと、**主語を一人称の「自分」に置き変えて考えてみる**のです。

まずは「自分」はどうしたいかを自らに問いかけ、「自分はこうしたい」と自分の意思をしっかりと認識するのです。

そうすれば、行動に主体性が生まれてきます。**主体性を持って動けばブレない姿勢が認められ、やがては一目置かれる**ようになってきます。

# 8

# かしこく生きる

322

# 正しい判断ができないのは、スキーマと固定観念の仕業

同じものを見ていても、見る人の感性によって注目するポイントは違ってきます。

それは、その人の**「スキーマ」**が基準になっているからです。

スキーマとは、**これまでにその人が経験してきたことや知識によって形成された基準**です。

たとえば、明るくてジョーク好きのアメリカの友人がいたとすると、「アメリカ人＝明るくてジョーク好き」のように認識してしまうような状態をいいます。

ただ、このスキーマばかりが働きすぎると、**固定観念に凝り固まったステレオタイプ**になってしまいます。そうなると、斬新なアイデアなど浮かばなくなります。

323

# 自分がわからなくなったら、「ジョハリの窓」を覗いてみる

自分のことは意外にわかっていないものです。自分を知りたいと思ったら、**「ジョハリの窓」**で自己分析してみましょう。

ジョハリの窓には**「A＝自分も他人も知っている部分」、「B＝自分しか知らない部分」、「C＝他人しか知らない部分」、「D＝自分も他人も気づいていない部分」**という4つの窓があります。ここに自分の特徴を書き入れていきます。

たとえば、よく「やさしい人」だといわれるなら「A」の窓にそれを書き、だけど自分では「冷たい部分がある」と感じているなら「B」の窓に書くといった具合です。

自分自身に迷ったら、ぜひ一度分析してみるといいでしょう。

324

# 生理的に嫌いな相手は、弱点を見つめ直すチャンス

とくにこれといった理由もなく、とにかく生理的に嫌いだという人がいたら、**その人は自分と似た人間である可能性**があります。**他人の言動で目につくマイナーな部分は、じつは自分自身ももっている部分**だからです。

その人を見ることで、自分が直視したくない〝共通部分〟を嫌でも目にしてしまうので、理由を云々する前に瞬間的にその人を拒絶したくなってしまうのです。

もしもそんな人と出会ってしまったら、距離を置くのではなく、**自分の弱点を見つめ直す絶好のチャンス**であることを意識してみてください。

すると、生理的に嫌いだった相手も素直に受け入れることができるはずです。

# 325
# 写真の中に映った自分は、〝自分磨き〟に活かせる

自分の写真を見て、「これが自分…?」と愕然《がくぜん》としてしまったことはないでしょうか。

それは、ふだんから**思い描いている自分のイメージと、写真の中の自分にあまりにもギャップが生じてしまうから**です。

しかし、この衝撃を**〝自分磨き〟に活かす**ことができます。

よく、恋をすると女性は美しくなるといわれるように、もっと自分をよく見せたいという意識が強く働けば、その人はどんどん美しくなれるからです。

326

# うっかりミスに隠された「本当の意味」を考える

間違いは常に急ぐことから起こるといわれるように、急いでいるときにはうっかりミスが増えますが、ミスをする理由はそれだけではありません。

「間違い」の中には、**自分では意識していない深層心理が影響していることがある**のです。

たとえば、何度も話題にのぼるのにどうしても名前が出てこない人がいたとしたら、自分でも気づかないうちにその人のことを苦手だと思っていて、できれば顔を合わせたくないと思ってはいないでしょうか。

こういった間違いは**「錯誤効果」**と呼ばれ、**意識とそれを遮《さえぎ》ろうとする無意識がぶつかることが原因**とされているのです。

327

# 自分の不快さを隠せない人は、その理由を考える

組織や集団の中にいれば、気が合う人と合わない人がいて当たり前です。

それをわかっていてもなお、**不快な感情が態度や表情に出てしまう人は、今まであまり苦労をせずに育ってきた**のかもしれません。自分の気持ちの向くままに行動し、他人の価値観をなかなか受け入れられないのです。

また、**自己嫌悪の強い人も自分の不快さを隠せない**ことがあります。

几帳面な自分がたまらなく嫌な人は、几帳面な人に好感が持てないし、貧しい家で育ったことを恥じている人は、貧しい家で育った人を敬遠する心理が働くのです。

328

# 素直に「ありがとう」と言うと、心がずっと軽くなる

人から何かをしてもらったときに、素直に「ありがとう」と言えますか。なかには、必要以上に身構えて、**相手を避けるような態度をとってしまう人もいます**。

ふだんから誰かに甘えたいという思いを持ちながら、それを人に悟られないようにしている人は、自分の本心にフタをしています。

ところが、思わぬところで好意を受けると、それまで閉じ込めていたものがフタを開けて飛び出しそうになります。そうなると、今まで保ってきた**他人との距離がうまく測れなくなって不安になってしまう**のです。

心にフタをするよりも、他人の好意には素直に**「ありがとう」と言ったほうが心は軽くなります**。そろそろ本当の自分を出してみてはどうでしょうか。

329

# 「やっておきたいこと」があるときは、〝心のストッパー〟を外す

子供のころには大人の懐事情などおかまいなく欲しいものは「欲しい！」と言えたものですが、いざ自分が大人になるとさすがにそうはいきません。

人の心の中では、**思うがままに何かをしたいという「行動欲求」**と、その一方で**万が一失敗したときに自分が傷つくことを恐れる「自己愛」**が日々、葛藤していまず。これが、酸いも甘いも噛み分けた大人になると自己愛のほうが上回ってしまうため、人は無意識のうちに欲望にストップをかけてしまうのです。

大人は何もかもが思いどおりにならないことは知っています。それでも、これだけはやっておきたいということがあれば、**ときには自己愛を捨ててみる**ことです。やらずに後悔するよりも、やって後悔するほうが悔いが残りません。

330

# 周囲の評価を気にしなければ、自分の足で歩み始められる

自分のことはさておいて、周りの期待に応えたいという一心で仕事をがんばってしまう人がいます。

子供のころに親から満足な愛情を与えられず、常に見捨てられるような不安にさいなまれてきたタイプは**認められたいという欲求が高く、周りの評価ばかりが気になってしまう**のかもしれません。

しかし、大人になった今は子供のころとは状況が違います。そのことをきちんと理解することができれば、**周りの評価という〝足かせ〟をはずす**ことができます。

そこからようやく自分の足で歩み始めることができるのです。

## 331

# 自分の中の優先順位で、「恋愛」を一番上にしない

恋愛では、**相手に対して関心の低い側が、ふたりの関係において主導権を握る傾向**にあります。

そのせいで好きになったほうが相手の言いなりになってしまったり、一方的に尽くすことになってしまいます。そうなると、けっして幸せな関係とはいえないでしょう。

お互いにいい関係を築くためには、**自分の生活のすべてにおいて恋愛を優先させない**ことです。仕事やひとりの時間も意識的に大切にすることで、恋に溺れることを防ぐことができます。

332

# メールの言葉から、相手の本心を読み取ろうとしてはいけない

文章だけでは思いが伝わりにくいせいか、顔文字や絵文字をちりばめてメールを送る人は少なくありません。

でも、それは裏を返せば、**顔文字や絵文字を使えば本心を隠しながらやり取りができる**ということにもなります。

相手を傷つけないようにと気づかいをする人なら、多少面倒だと思っていてもそうは感じさせない丁寧な文章をつくるでしょう。また、疲れていても元気なそぶりを装うこともできます。

メールには、**送った人の本心が書いてあるとは限らない**のです。

333

# メールの言葉に〝妄想の余地〟を与えてはいけない

メールやメッセージアプリでのやりとりで、トラブルになったという話があとを絶ちません。

親しい相手とメールのやりとりをするときは、実際に会って話をしているときと違って表情や声のトーンはわかりません。

笑顔で「バカだね」と言われると笑ってすませられる話でも、メールに「バカだね」と書いてあると、**受けとった相手によっては冗談にも、本当にバカにしているようにもどちらにもとれる**のです。

無用なストレスを避けるためにも、メールで会話をするときには、先方に妄想の余地を与えないくらいの明確な表現力が必要です。

334

# よくとるか、悪くとるかは、相手が決める

自分ではよかれと思ってやったことが、「もしかして相手にとってはおせっかいだったかもしれない」と、あとになって不安になったことはないでしょうか。「親切」と「おせっかい」の間にはっきりとした境界線はありません。言ってみれば**紙一重**なのです。

ただ、わかっているのはそれを**親切と感じるか、おせっかいと感じるかは相手の気持ちしだい**だということです。

それでも、やはり気になって声をかけたり、手を差し伸べたくなるときがあります。そんなときは、「おせっかいかもしれないけど…」とか「迷惑でなければ…」などと、ひと言つけ加えるのを忘れないようにしましょう。

335

# 深みにはまりそうなときは、天秤にかけるのをやめてみる

新しいプロジェクトなど一度スタートしてしまうとストップするのが難しいものです。**それまでに長い時間とコストがかかっている**からです。

これは心理学でいう**「サンクコスト効果」**で、**それまでにかけた労力や資金を考えると、引くに引けない気持ちになってしまう**のです。かけたコストが多く、その期間が長いほどその心理は強く働いてしまいます。

このままだとズルズルと深みにはまりそうだと感じたら、今までかけてきた時間や労力を天秤にかけているのかもしれないと疑ってみてください。そうすると、案外すっぱりと手を切れるかもしれません。

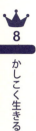

336

# 笑顔で損することはないと心得る

日ごろから不機嫌にしているわけでもないのに「怒ってる？」と聞かれることが多いとしたら、おそらく表情に問題があるはずです。

話をするときに、人は視覚・聴覚・言語のうちのどれに影響を受けるかというのを調べた実験があります。この結果は**「メラビアンの法則」**と呼ばれ、表情が55パーセント、話し方が38パーセント、言葉が7パーセントの順で相手の印象に影響を与えるというものでした。

つまり、**同じことを同じ調子で話していても、表情が不機嫌であれば、そちらに影響を強く受けてしまう**のです。

「笑い顔に矢立たず」というように、笑顔で損をすることはないのです。

337

# くだけた言葉が距離を縮めることもある

長いつき合いなのにどこか他人行儀で打ち解けられない人がいるなら、もしかするとあなたが**不必要に丁寧な言葉を使っているせい**かもしれません。

丁寧に接しようとするあまりに、かしこまった敬語を使ったり、どこかよそよそしく聞こえるようなもって回った言い方をしていると、相手は自分と距離をとっておきたいのだろうと勘繰ってしまいます。

場違いなほどくだけた言葉遣いは問題ですが、ときには**フランクに話してみると急速に親しくなれる**かもしれません。

338

# 「他人のこと」として聞くと相手のガードが下がる

相手の本心が気になっていても、直接聞き出すのはなかなか難しいものです。そんなときは「他人のこと」として聞くと、あっさり本心を吐露してもらえることがあります。

たとえば、「Aさんのこと、どう思う?」ではなく「Aさんのこと、みんなはどう思っていると思う?」と聞くのです。あくまでも、**「私は当事者ではない」というニュアンスを漂わせる**のがポイントです。このときの答えには、当然相手の意見が投影されているでしょう。

人間は、**自分のことではないと思ったとたんにガードが下がってしまう**のです。

339

# ケンカするほど相手との距離が縮まる

親しくなりたいと思う人には、当然嫌われたくないものです。しかし、逆にその人との距離が縮まれば、ぶつかることも増えてしまいます。

ただし、これは2人の関係を深めるためには避けられないことなのです。**互いに相手との距離を測りながら、居心地のいい距離感をつかんでいく必要がある**からです。

よく喧嘩するほど仲がいいといいますが、そこには**「喧嘩してぶつかったあとで、互いの距離感を学べるので絆が深められる」**という真意が隠されているのです。

340

# 人の話は、うなずきながらよく聞くのが正しいスタンス

自分のことを「とっつきにくい人間だ」と自覚しているなら、その印象を変えるのは簡単です。**人の話をよく聞いて、きちんとうなずき返す**ことです。

つまり、話しかけられやすい雰囲気をつくるには、相手の話を「うんうん」とうなずきながら聞くだけでいいのです。

**うなずくというのは相手の「自尊の欲求」を満たすことになる**ので、喜んで心を開いてくれるようになります。

話し上手は聞き下手といいますが、相手の話に真摯《しんし》に耳を傾けることこそ人間関係の極意なのです。

# 341
# 問題の〝芽〟は小さいうちに摘んでおく

たとえば、床にごみが散乱している部屋の中にいるだけで片づけようという気は失せていきます。反対に、チリひとつ落ちていない部屋では、なぜか片づけてみるかという気になったりします。

これは**「割れ窓現象」**というもので、窓が割られた1台の車が放置されるだけで、周辺の地域に犯罪が増加するというものです。

部屋がなかなか整理できないという場合は、まず一念発起して大掃除をします。そのあとに出たチリはたとえひとつでもすぐに拾うクセをつけるのです。

**どんなことでも小さいうちに芽を摘んでおく**のです。

342

# 派手に成果をアピールするばかりでは失敗する

新人にもかかわらず、いきなり大きな成果を上げて高い評価を得る人がいます。

しかし、これは、長い目で見ると自分の首を絞めることになりかねません。最初から「できる」というイメージを植えつけてしまい、今度は少しぐらい成果を上げても評価されなくなってしまうからです。

逆に、最初は仕事ができなかった人がしだいに結果を出し始めたら、それがたとえ小さな成果であったとしても「よくがんばった」となります。

最初から頂点をめざさずに、**少しずつ成果を上げていったほうが余裕をもって本来の能力を小出しに**できるのです。

343

# 一歩踏み出した先には、大きな変化が待っている

子供のころの自分を思い出してみてください。野球選手やアイドル歌手になりたいなど、夢がたくさんあったはずです。

夢やあこがれだけで成功できるほど世の中は甘くないと知っていても、今の自分にも何かしらの夢や希望があるのではないでしょうか。

毎日を味気なく感じているのなら、**その夢や希望に向かって一歩踏み出してみるべき**です。たとえ実現することが難しいと思えることでも、そのために努力をすることが無意味とはいい切れません。

**小さな一歩が大きな変化を招く**ことがあります。自分が今望んでいることに真摯に耳を傾けてみましょう。

344

# 夢を実現できるかどうかは、信じられるかどうかにかかっている

たとえば「モデルになりたい」という夢があるとしても、ただ夢見るだけでは叶えることができません。

夢を叶えるためには、それを**具体的にイメージしてみることが大切**なのです。

モデルになるにはスタイルがよくなければいけないし、健康にも気をつけなければなりません。すると、食事に気をつけるとか、適度な運動や十分な睡眠を心掛けるというように、自然とその**イメージに沿った行動ができるようになる**でしょう。

ウォルト・ディズニーのいうように「夢見ることができれば、それは実現できる」のです。

345

# 小さなステップが続けば、大きなステップを上がれる

大きな目標を立てたけれどなかなか達成できそうもなくて、もう挫折寸前というときには、その目標までのルートを具体的に設定してみましょう。

ゴールが最上段にあるとしたら、そこまでの階段の高さは一定である必要はありません。**小さなステップが続いた後、何年かに一度は間にある階段をすっ飛ばして大きなステップを踏む**のです。実現可能なプロセスを自分で考えながら設計するのです。

大事なのは、こつこつ取り組むのと同時に大胆な戦略をたてることです。

346

# スキマ時間の積み重ねをあなどってはいけない

時間の使い方が下手な人ほど「時間がない」と言ってはあくせくと働きます。何か頼まれたときに、「時間がないから」と断るのは無能であることを証明しているようなものです。

**仕事ができる人は、時間の使い方がとても上手**です。たとえまとまった時間がとれなくても、短時間で集中して驚くほどの作業量をこなしてしまいます。

時間がないように思えても、短い時間なら空いていることがけっこうあるはずです。この**隙間時間を上手く積み重ねる**ことで、作業は思った以上にはかどります。

347

# 思い込みを捨てれば、可能性が無限に広がる

成功している人とそうでない人の差は何でしょうか。生まれつきの才能だったり、運や人脈などさまざまな要因がありますが、それよりもモノの考え方において決定的に大きな違いがあります。

それは、**成功者は自分の枠や限界を決めていない**ということです。

よく人は「自分のことは自分が一番知っている」などと言いますが、果たしてそうでしょうか。未知の世界に挑戦したとき、今まで自分でも知らなかった自分の適性を再発見したということは珍しくありません。

**「自分のことは自分が一番知っている」という思い込みは、自らの可能性を狭める**だけです。この幻想を捨てるだけで人は大きくステップアップできるのです。

348

# どんなことでも道はひとつではないと考える

生き馬の目を抜く現代社会を生き抜くには、自分の信念を貫くことが大切だという考え方はあながち間違いではありません。

しかし、**信念を貫こうとするあまり、周囲との関係が釣り合わなくなったり、仕事で成果を出せない**ことがあるとすれば、やはりその考え方には改善の余地があります。

かの松下幸之助は**「山は西からも東からでも登れる」**という言葉を遺しています。

どんなことでも道はひとつではありません。自分のやり方でうまくいかなければ、**別のアプローチ**を探せばいいのです。

349

# 「呼吸」のしかたひとつで、ストレスがみるみる消える

不安やストレスを和らげたいときのもっとも手っ取り早い方法のひとつは深呼吸をすることです。**まず、鼻から息を大きく吸ってお腹まで入れ、それをゆっくりと吐き出します**。また、末梢神経の集まっている首をマッサージするのもリラックスするのに効果的です。

人は緊張で心拍が上がったり呼吸が浅くなったりすると、無意識のうちに頬に手を当てたり、髪の毛を触って気持ちを落ち着かせようとします。これは、そうすることで心拍数や呼吸が正常に戻るからです。

肉体的な落ち着きを取り戻せば、気持ちもしだいに落ち着いてくるのです。

350

## 「あくび」をうまく活用すると、自然と気持ちにゆとりができる

緊張をほぐすのに有効なのが「あくび」です。

意外に思われるかもしれませんが、あくびは眠いときだけでなく、じつは緊張しているときにも出るからです。緊張すると口の中が乾きますが、あくびをすることで**唾液腺が刺激されて口の渇きがおさまる**のです。

重要なプレゼンテーションの前などで、いつもより自分が緊張していると感じたら**わざとあくび**をしてみましょう。強ばった顔の筋肉が緩んだら、気持ちに余裕が出てきます。

351

# メールに頼る人間関係から一歩抜け出す

1日のうちに何度もメールで連絡をとる人がいます。こういう人は人間関係が充実しているように見えて、じつは孤独感を抱えていることが多いものです。しかも、メールには無意識のうちに**「セルフ・プレゼンテーション」**が働いています。

これは**相手の反応を予測して自己提示をする**ことで、文面では「俺ってダメなヤツだよな」と書いていても、本音では「そんなことないよ！　お前はできるヤツだよ」という慰めの返信を期待しているわけです。これは、じつは自己完結に過ぎません。

見せかけだけのコミュニケーションに頼っても、孤独感は募るばかりです。一度、**メールに頼る人間関係を見直してみる**と真の人間関係を築けるかもしれません。

352

# アクションをオーバーにすると、気持ちも大きくなる

気弱な人は、討論になったときでもなかなか反論することができません。たとえ反論したとしても、すでに萎縮しているので声が小さくなったり、言葉に詰まってしまったりします。

こういう状況を打破するには、大げさな**身振り手振りを交える**といいでしょう。手を大きく振り上げてみたり両手を広げてみたりと、**オーバーに見えるくらい**のアクションをつけて反論するのです。そうしておいて、ここぞとばかりに**思い切って熱弁をふるう**のです。

身振りが大げさになると気持ちも大きくなってきます。すると全身に自信が湧いてくるのがわかります。

353

# 「できる人」のマネをすることで、「できる人」になれる

周りの人がみんな、自分より優秀に思えて引け目を感じることがあります。劣等感を抱いて悲観的になってしまうところですが、ここはあえて**できる人をじっくりと観察**してみることです。

「この人のようになりたい」という人が見つかったら、まずその**人のマネをする**ことから始めます。

たとえば、モノの考え方をマネしたいときには話し方をそっくりマネするのです。言葉遣いや口調をマネると、自然と思考パターンが似てきます。

哲学者ヴォルテールが**「上手な模倣は最も完全な独創である」**というように、**尊敬できる相手をマネる**ことができる人になる近道なのです。

354

# 昔の「成功体験」に頼ってはいけない

過去の成功体験を思い出して、自分を鼓舞するというやり方は間違いではありません。仕事でもスポーツでも、**挑戦するときはいいイメージを持ち続ける**というのはとても大切なことです。

ただし、その成功体験にとらわれすぎると足をすくわれてしまいます。**成功体験はあくまで過去のこと**。今の自分はそのときの自分より経験を積んでいます。「あのときはこのやり方で成功したから、今回もこれでいこう」ではなく、まずは**今の自分の判断力を信じるべき**です。

ひと昔前の成功体験を持ち出したところで必ずしもうまくいくとも限らないのです。

355

# 「ヨコの感覚」を持てば、人間関係が円滑になる

どこへ行っても人づき合いがうまい人と、そうでない人には、考え方に大きな差があります。それは**人間関係をタテで見ているか、それともヨコで見ているか**の違いです。

タテの関係とは、人間関係を上下に並べて序列をつけるという意味です。**自分より下とみなした人間は見下し、上とみなした人には卑屈になる。**こうした心の動きは黙っていても周囲に伝わりますから、人間関係がうまくいくはずがありません。

**人間関係はあくまでもヨコに見て、誰のことも見下さないし、誰にも見下されない関係を構築する。**これが、人間関係を円滑にする心がまえです。

356

# 「いつかしたいこと」は今日から始めよう

「いつかは○○がしたい」と言い続けていると、そのうちに願いが叶うなどといいますが、**人生も半分に差しかかろうとしている年齢ならそろそろスタートしないと結局、叶わぬ夢のままで終わってしまう**かもしれません。

もう、「いつかは」などと言っていないで、**やりたいことは先に延ばさず、今、この瞬間から始める**ことです。

「時間がない」は言い訳にすぎません。楽しみを先送りにしていたら、いつまでたっても楽しめないままです。

357

# 「これがなければダメだ」は思い込みと考える

どうしても欲しいものがあって、**「これがなければダメだ」と思い込んでいるときというのはそれしか見えない状態**になっています。冷静に考えれば、ほかのモノでも代用できたり、それほど必要でもないのにそれがなければまるで生きていけないかのように感じてしまうのです。

このような思い込みから抜け出すためには、**「なくても幸せかどうか」を自分に問うてみる**ことです。欲しいことは欲しいけれど、なくてもふつうに生活できることがわかったら、それは単なる自分の思い込みにすぎないのです。

358

# 人生に疑問が湧いたら、有意義な生き方ができる

人生には「これが正解」という生き方はありません。昔と違って、いい成績をとっていい大学に入り、一流企業に入れたからといって幸せになれる保証はなくなってしまいました。

今までがんばって努力を重ねてきた人ほど、**突然、自分の人生に疑問が湧いてくることもある**でしょう。

しかし、**自分の生き方に疑問を持ち、悩むことはけっしておかしなことではない**のです。むしろ、それをきっかけに今後の人生をよりよい方向に変えていくことができるのです。

359

# 目覚まし時計なしで起きる習慣が、人生を変える

自立したいと思いながらも、つい誰かに頼ってしまう。そんな自分を変えたかったら、まずは**目覚まし時計なしで起きる勇気をもつ**ことです。

そんなことをしたら会社に遅刻してしまうじゃないかと思うかもしれませんが、自分で**自分をコントロールすることが自立**です。「そんなの絶対にムリ」などといって先延ばしにすれば、いつまでたっても自分を制御する術は身につきません。

平日に目覚まし時計をセットしないのが怖かったら、休日の朝からでもチャレンジしてみましょう。

360

# 正しい人生の目標は3つの基準で立てる

目標には正しい立て方があります。

まず、**心から興奮できることを選ぶ**ことです。「うわー！　これは楽しそうだ！」とか「絶対にやりたい！」と思えることを目標にします。

次に**期限がある目標**を立てます。いつまでにやるか、それを明確にします。

そして、それを**数字に表す**ことです。ゴールに旗が立っていなければ、どこまでがんばればいいのかわかりません。

この**3つがすべてそろったら、それはあなたの人生の正しい指標**になります。

361

# 疲れているときほど、身だしなみを整えよう

疲れているからといって、休日にパジャマのままでダラダラと過ごしていると、翌日にはますますやる気が出てこなくなります。

これは、「疲れた…」という**覇気のなさがずっと続いていて、まったく気分転換ができていないせい**です。

簡単に気分を変えるなら、まずは**きちんと着替える**ことです。いつもと同じ時間に起きて顔を洗い、歯を磨いて髪を整えれば、それだけで心身がリセットできます。

**気分というのは意外と優柔不断なので、簡単に思いどおりに操ることができる**のです。

362

# ときには、あえて居心地の悪い場所に身を置こう

慣れ親しんだ場所で気心が知れた人といるのは、とても居心地がいいものです。ストレスを感じることもなく、気持ちも安定するでしょう。

しかし、まだ人生経験の浅いうちからこのような〝ぬるま湯生活〟に浸ってしまうと、心が鍛えられません。そのうちに**脳も刺激されなくなり、発想も貧しく**なってしまいます。

そこで、心と脳のトレーニングのためには、あえて居心地の悪い場所に身を置いてみることです。そうすると、否が応にもその環境に対応しようと脳は刺激されて、さらに心も鍛えられます。

**自分をかわいがりすぎない**ことも必要です。

363

# 物事を肯定的にとらえることで、前向きな気持ちが生まれる

思いどおりにならない人生を嘆く人は多いものです。しかし、それは**高すぎる理想や、できもしない目標に縛られて今そこにある幸せが見えなくなっている**場合もあります。

コップに半分入っている水を「もう半分しかない」と思うか、「まだ半分ある」と思うかで、心持ちは180度変わってきます。**物事を肯定的にとらえることで前向きな気持ちが生まれる**のです。

笑う門には福来るといいます。少々**落ち込んでも笑顔を忘れない**生き方こそが、人生を好転させるコツだといえるでしょう。

364

# チューニングしだいで気持ちは「ワクワク」にも「どんより」にもなる

楽しいことをしている時やパワーがみなぎっている時は、時間があっという間に過ぎていくものです。ワクワク、ドキドキすることが待っていると思うと、朝起きるのも、電車に乗るのも、何をするのも楽しいものです。

この**ワクワク・ドキドキ感は自分で調整する**ことができます。たとえば、**ひとつの仕事に向かう時の気持ちを、自分で楽しいほうにチューニングする**のです。

でも、これだけは注意してください。**つまらないほうに合わせてしまうと、待っているのはツライ毎日**です。合わせ間違えないように気をつけましょう。

365

# 嫌なことに取り組めば肝っ玉が座る

嫌なことは、できるだけ避けて通りたいというのが人情です。ですが、つらいことや嫌なことに直面したとき、それが**一時的なものであるとわかっているなら、下手に逃げたりしない**ことです。

つらいことや嫌なことは、自分の気持ちをいつもよりマイナスの状態に陥らせます。「なんでこんなことをやらなければならないんだ…」とイライラもするし、泣きたくなることもあるかもしれません。

でも、それが終わって**解放されれば、何事にも動じないようになる**のです。今までの何気ない日常も輝いて見えるはずです。

■参考文献

『「最高の結果」はすべてを「捨てた」後にやってくる』（早川勝／総合法令出版）、『引きずらない人は知っている、打たれ強くなる思考術』（豊田圭一／クロスメディア・パブリッシング）、『1秒で「心が強くなる」言葉の心理術』（植西聰／三笠書房）、『「悩むこと」が「楽しいこと」になる本』（伊藤明／講談社）、『桁外れの結果を出す人は、人が見ていないところで何をしているのか』（鳩山玲人／幻冬舎）、『「頭のいい人」はシンプルに生きる』（ウエイン・W・ダイアー、渡部昇一訳・解説／三笠書房）、『仕事も人生もうまくいく！心にブレーキをかけない生き方』（植西聰／PHP研究所）、『「悩むこと」が「楽しいこと」になる本』（伊東明／講談社）、『坂の上の坂』（藤原和博／ポプラ社）、『50代にしておきたい17のこと』（本田健／大和書房）、『「気づく」77の習慣』（加納眞士／中央アート出版）、『すごい！人生逆転の法』（ロッキー・リャン、ソフィア・ツァオ訳／三笠書房）、『THE21』（No.338／PHP研究所）、『クーリエ・ジャポン』（Vol.999／講談社）、朝日新聞、読売新聞、日本経済新聞、夕刊フジ、ほか

＊本書は「できる大人の心を強くするツボ」（小社刊／2011年）をもとに、改題、加筆、修正のうえ再編集したものです。

編者紹介

メンタル研究会
ストレスの多い現代にあって、タフに世の中を生き抜くために社会人が知っておくべきコツやテクニックを調査しているエキスパート集団。とりわけ「メンタル」に関する、使える最新情報を読者に届けるべく、日々取材・研究を重ねている。

1日《にち》1分《ぷん》でいい！
できる大人《おとな》の心《こころ》の習慣《しゅうかん》

2015年1月1日　第1刷

編　者　メンタル研究会《けんきゅうかい》

発行者　小澤源太郎

責任編集　株式会社プライム涌光
電話　編集部　03(3203)2850

発行所　株式会社青春出版社
東京都新宿区若松町12番1号〒162-0056
振替番号　00190-7-98602
電話　営業部　03(3207)1916

印刷・大日本印刷　製本・ナショナル製本

万一、落丁、乱丁がありました節は、お取りかえします

ISBN978-4-413-11128-7 C0011